Max Lucado

Du bist reich beschenkt

Über den Autor

Max Lucado ist Pastor der *Oak Hills Church* in San Antonio, Texas. Er ist verheiratet, Vater von drei Töchtern und Verfasser vieler Bücher. Die Zeitschrift *Christianity Today* zählt ihn zu den bekanntesten christlichen Autoren Amerikas.

Zu seinen Bestsellern gehören u. a. „Leben ohne Angst“, „Du schaffst das“, „Leichter durchs Leben“ und „Wie man Riesen besiegt“.

MAX LUCADO

Du bist reich beschenkt

Entdecke das Leben, nach dem du dich sehnst

Aus dem Englischen von Elke Wiemer

GerthMedien

Für LeeEric Fesko und Elizabeth Johnson –
in großer Dankbarkeit für
euren selbstlosen Dienst und eure beständige Leitung.

Es sind glorreiche Zeiten.
Meine Vergangenheit ist Geschichte,
meine Zukunft sieht rosig aus,
Gottes Verheißungen sind wahr
und auf sein Wort ist Verlass.
Mit Gott an meiner Seite
werde ich der sein, den er aus mir machen will,
tun, was sein Wille ist,
und empfangen, was er für mich geplant hat.
Ich werde das Leben führen,
nach dem ich mich zutiefst sehne.

INHALT

KAPITEL 1

Glorreiche Zeiten

Sieben Jahre lang waren sie praktisch unantastbar gewesen. Sie hatten sieben Nationen erobert, mindestens 31 Könige besiegt und fast 26 000 Quadratkilometer bestes Land eingenommen.

Sieben Jahre grenzenloser Erfolg.

Sie waren zwar zahlenmäßig unterlegen, aber nicht kräftemäßig. Sie waren schlecht ausgerüstet, aber trotzdem nicht zu überwältigen. Sie waren die ungewöhnlichsten, aber unbestrittenen Sieger über einige der barbarischsten Armeen der Geschichte. Wäre das Ganze ein Boxkampf gewesen, hätte der Schiedsrichter die Gegner schon nach der ersten Runde für k. o. erklärt.

Das Volk Israel war nicht aufzuhalten.[1]

Das war nicht immer so gewesen. Die Bibel beschönigt die wechselhafte Geschichte des Volkes Gottes an keiner Stelle: Abraham hatte zu viele Frauen. Jakob log zu viel. Esau verkaufte sein Erstgeburtsrecht. Josefs Brüder verkauften Josef. Auf 400 Jahre Sklaverei in Ägypten folgten 40 Jahre Wüstenwanderung und später 70 Jahre babylonische Gefangenschaft.

Die Israeliten bauten zwei Tempel und verloren beide. Sie bekamen die Bundeslade und verloren sie. Babylon baute große

Städte. Griechenland ließ die Muskeln spielen. Rom dehnte sein Weltreich aus. Und Israel? Israel war der Kleinste in der Klasse, derjenige, der immer herumgeschubst und verprügelt wurde und ein blaues Auge hatte.

Außer in diesen sieben Jahren. Die glorreiche Zeit Israels. Auf der Zeitskala in Ihrer Bibel tauchen diese Jahre zwischen den Schwierigkeiten nach dem Auszug aus Ägypten und der düsteren Zeit der Richter auf. Mose war gerade gestorben und die Israeliten standen am Anfang ihres fünften Jahrzehnts als Beduinenvolk in einem dürren Land. Aber irgendwann so um 1400 v. Chr.[2] sprach Gott und Josua hörte zu. Da fing die glorreiche Zeit an. Der Jordan teilte sich. Die Mauern von Jericho stürzten ein. Die Sonne stand still und die Könige Kanaans mussten vorzeitig in Rente gehen. Das Böse wurde vertrieben, Hoffnung blühte auf. Am Ende der Feldzüge waren die heimatlosen Wanderer zu hoffnungsvollen Einheimischen geworden. Ein Hirtenvolk meißelte seine Zukunft in die Berge Kanaans. Sie bauten Höfe, Dörfer und legten Weinberge an. Ihre Errungenschaften waren so groß, dass der Geschichtsschreiber festhielt:

So gab der Herr den Israeliten das ganze Land, das er den Vorfahren des Volkes versprochen hatte, und sie eroberten es und ließen sich darin nieder. Und der Herr gab ihnen Frieden ringsum, wie er es ihren Vorfahren geschworen hatte. Keiner ihrer Feinde konnte gegen sie bestehen, denn der Herr schenkte ihnen den Sieg über sie. Nicht eine einzige Verheißung, die der Herr Israel gegeben hatte, blieb unerfüllt. Sie trafen alle ein. Josua 21,43–45 (NL)

Was für weitreichende Aussagen: „So gab der Herr … das ganze Land. […] Der Herr gab ihnen Frieden ringsum. […] Der Herr schenkte ihnen den Sieg über [ihre Feinde]. […] Sie [die Verheißungen] trafen alle ein.“ Der winterliche Frost musste dem Tauwetter des Frühlings weichen und eine neue Zeit brach an.

Vielleicht brauchen auch Sie eine solche „neue Zeit“. Sie müssen zwar nicht den Jordan durchqueren, aber diese Woche überleben. Sie stehen nicht vor Jericho, sondern vor einer Wand aus Ablehnung oder Schmerz. Ihnen sind nicht die Kanaaniter auf den Fersen, sondern Krankheit, Entmutigung oder Gefahr. Es wird immer schlimmer, und Sie fragen sich, wie Sie den morgigen Tag überstehen sollen.

Sie können wahrscheinlich mit dem kleinen Kerl mitfühlen, den ich einmal auf einem Flughafen gesehen habe. Er wollte mit seiner Familie in den Urlaub fliegen. Zumindest schloss ich das aus ihrer Aufmachung: Flip-Flops, Baseballkappen und Strohhüte. Sie waren auf dem Weg zum Meer, um eine Woche voller Sonne und Strand zu genießen.

Der Gesichtsausdruck des Vaters besagte: „Beeilt euch! Wir müssen uns beeilen, wenn wir den Flug noch erwischen wollen!“ Die Abflughalle war für ihn wie ein Footballfeld und das Gate war die Endzone. Er war wild entschlossen, einen Touchdown zu machen.

Ob der Kleine wohl mithalten kann?, fragte ich mich. Seine Mutter schon. Sie hielt mit ihrem Mann Schritt. Die großen Brüder auch. Sie schulterten ihre Rucksäcke und folgten im Kielwasser ihrer Eltern.

Aber der Kleine? Er war fünf, höchstens sechs Jahre alt. Seine Miene war wild entschlossen, aber seine Beine waren zu kurz.

Es war ebenfalls nicht gerade hilfreich, dass er einen kleinen Mickey-Maus-Trolley hinter sich herzog. Und es war auch nicht sehr förderlich, dass sich anscheinend die gesamte Menschheit auf diesem Flughafen tummelte. Er versuchte, mit seinen Eltern Schritt zu halten, aber er schaffte es einfach nicht.

Also blieb er stehen. Er gab auf. Mitten in dem Gewusel. Er ließ seinen Koffer auf den Boden fallen, setzte sich darauf und schrie seinen davoneilenden Eltern hinterher: „Geht langsamer – ich komm nicht mit!“

Kennen Sie das?

Manchmal sind die Herausforderungen einfach zu groß. Sie wollen ja Schritt halten. Sie versuchen es. Sie bemühen sich. Aber Sie können einfach nicht mehr kämpfen. Manchmal saugt das Leben alles Leben aus uns heraus.

Genau für solche Zeiten steht das Buch Josua in der Bibel. Es fordert uns heraus, darauf zu vertrauen, dass das Beste noch vor uns liegt. Gott will uns das verheißene Land schenken – wir müssen es bloß einnehmen.

Das verheißene Land war der dritte Halt auf der lehrreichen Reise der Israeliten. Diese begann in Ägypten, führte durch die Wüste und endete in Kanaan. Jeder dieser Orte stand für eine bestimmte Lebensphase. Die Geografie hatte gewissermaßen theologische Bedeutung. In Ägypten waren die Israeliten die Sklaven des Pharaos. In der Wüste waren sie auch Sklaven: Sklaven ihrer Angst. Sie weigerten sich, ins verheißene Land zu ziehen, und verschmachteten lieber in der Wüste. Erst in Kanaan führten sie das Leben, nach dem sie sich so lange gesehnt hatten. Ägypten, die Wüste und Kanaan. Sklaven Pharaos, Sklaven der Angst und dann endlich das Volk der Verheißung.

Auch wir haben diesen Weg hinter uns. Ägypten steht für die Zeit vor unserer Errettung. Wir waren Sklaven der Sünde. Wir trugen die Fußfessel von Schuld und Tod. Aber dann kam unser Retter, Jesus Christus. Dank seiner Gnade und seiner Macht konnten wir das Rote Meer durchqueren. Er hat uns aus unserem alten Leben befreit und uns ein neues Leben in Kanaan geschenkt.

Unser verheißenes Land ist kein geografisches Gebiet, sondern eine geistliche Wirklichkeit. Es geht dabei nicht um Grundbesitz, sondern um unsere Herzen und Gedanken.

Das Leben in diesem verheißenen Land ist ein Leben, in dem wir „triumphieren … als Sieger mithilfe dessen, der uns so sehr geliebt hat" (Römer 8,37; GN).

Ein Leben, in dem wir „nicht den Mut [verlieren]" (2. Korinther 4,16; GN).

Ein Leben, in dem „die Liebe, die Christus uns erwiesen hat, … mein ganzes Handeln" bestimmt (2. Korinther 5,14; GN).

Ein Leben, in dem wir „trotz aller Not … zuversichtlich und voll überschwänglicher Freude" sind (2. Korinther 7,4; GN).

Ein Leben, in dem wir uns keine Sorgen machen (Philipper 4,6), zu jeder Zeit beten und bei Gott für alle eintreten, die zu ihm gehören (Epheser 6,18), in dem unser „ganzes Leben … ein einziger Dank [ist], den [wir] Gott, dem Vater, durch Jesus Christus" darbringen (Kolosser 3,17; GN).

Kanaan steht für ein Leben, das von Gnade bestimmt, durch Herausforderungen geläutert und mit unserer himmlischen Berufung in Einklang gebracht wird. Wenn wir nach Gottes Plan in seinem *Land* leben, gewinnen wir häufiger, als dass wir verlieren, vergeben so schnell, wie wir verletzt wurden, und geben so großzügig, wie wir empfangen. Wir setzen unsere Gaben zum Wohl der anderen ein und haben Freude an unseren Aufgaben. Wir stolpern vielleicht mal, aber wir brechen nicht zusammen. Wir mühen uns ab, aber wir geben uns nicht der Verzweiflung hin. Wir rühmen uns nur dessen, was Jesus für uns getan hat, vertrauen allein auf Gott und verlassen uns ganz auf seine Kraft. Wir bringen reichlich Frucht und dürfen erleben, dass unser Glaube wächst.

Kanaan steht für den Sieg, den wir heute erringen können. Kanaan ist keine Metapher für den Himmel. Das ist zwar ein hübscher Gedanke, aber die Symbolik passt nicht. Im Himmel gibt es keine Feinde mehr. In Kanaan gab es mindestens sieben feindliche Völker. Im Himmel gibt es keinen Krieg mehr. Josua ist mit seinen Mannen mindestens 31-mal in den Krieg gezogen (Josua 12,9–24). Im Himmel stolpern und kämpfen wir nicht mehr. Josuas Männer taten aber genau das. Sie stolperten und kämpften, doch ihre Siege waren weitaus zahlreicher als ihre Niederlagen.

Kanaan steht also nicht für das zukünftige Leben. Kanaan steht für das Leben, das wir heute schon leben können!

Gott lädt uns ein, nach Kanaan zu kommen. Es gibt nur eine Bedingung: Wir müssen die Wüste hinter uns lassen.

So wie Kanaan für ein siegreiches Leben als Christ steht, so steht die Wüste für ein besiegtes Leben. In der Wüste war das Volk Israel zwar aus der ägyptischen Sklaverei befreit, aber wenn man den Menschen zuhörte, fällt es schwer, das zu glauben. Schon drei Tage nach seiner Befreiung „murrte das Volk gegen Mose und sagte: Was sollen wir trinken?“ (2. Mose 15,24; EÜ).

Nur wenige Tage später „rottete sich die ganze Gemeinde Israel gegen Mose und Aaron zusammen. Sie murrten: ‚Hätte der Herr uns doch getötet, als wir noch in Ägypten waren! [...] Aber ihr habt uns herausgeführt und in diese Wüste gebracht, damit die ganze Gemeinde verhungert!'" (2. Mose 16,2–3; GN).

„Da machten die Israeliten Mose schwere Vorwürfe" (2. Mose 17,2; GN) und sie „murrten ... gegen Mose" (Vers 3). Sie atmeten die Angst förmlich ein. Sie jammerten so lange herum, bis Mose schließlich zu Gott betete: „Was soll ich mit diesem Volk machen? Es fehlt nicht viel und sie steinigen mich!" (Vers 4).

Wie kam es, dass die Israeliten so tief gesunken waren? Nun, es lag sicher nicht daran, dass es zu wenig Wunder gab. Sie erlebten Gottes Macht in seiner höchsten Form. Sie hatten gesehen, wie Heuschrecken die Ernte und Geschwüre die Haut fraßen, wie ganze Schwärme von Fliegen in Pharaos Palast herumschwirrten. Gott hatte vor den Augen der Israeliten aus den großspurigen Ägyptern Haifischfutter gemacht. Aber als Gott sie aufforderte, das Land Kanaan in Besitz zu nehmen, sagten zehn von zwölf Spähern nach einer Erkundigungstour, dass das unmöglich sei. Die Riesen seien zu groß für sie. „Wir kamen uns ihnen gegenüber wie Heuschrecken vor" (4. Mose 13,33; GN). *Wir waren winzig kleine Ameisen. Sie werden uns bestimmt zertreten.*

Und so ließ Gott ihnen viel Zeit, ihre Entscheidung noch einmal zu überdenken. Er gab dem gesamten Volk eine Auszeit von fast 40 Jahren. Sie liefen im Kreis herum. Sie aßen jeden Tag das Gleiche. Das Leben war eine endlose Monotonie aus den immer gleichen Felsen, Eidechsen und Schlangen. Tag für Tag. Siege waren selten. Der Fortschritt trat nur langsam ein. Sie waren zwar errettet worden, aber nicht stark. Erlöst, aber nicht befreit. Vor dem Pharao gerettet, saßen sie nun in der Wüste fest und waren dort in Routine gefangen. Das Leben war eintönig, öde, stumpfsinnig. Vier Jahrzehnte Langeweile.

Das klingt erbärmlich.

Vielleicht aber auch vertraut.

Heute saß ich beim Mittagessen einem Mann gegenüber, der gerade in einer Midlife-Crisis steckt. Er beschrieb sein Leben mit Worten wie „festgefahren", „Alltagstrott", „Stillstand". Er ist Christ. Er kann genau sagen, wann er Ägypten entflohen ist. Aber er weiß nicht mehr, wann er zuletzt einer Versuchung widerstanden oder eine Gebetserhörung erlebt hat. Nach zwanzig Jahren als Christ ficht er die gleichen Kämpfe aus wie als frischgebackener Gläubiger. Er hat Ägypten verlassen, aber Ägypten hat *ihn* nicht verlassen.

Er hat es zwar nicht so formuliert, aber ich habe gespürt, dass er im Grunde der Auffassung ist: „Ich dachte, das Leben als Christ hätte mehr zu bieten." Er fühlt sich ausgeschlossen und entmutigt. Es kommt ihm so vor, als sei die Tür zu geistigem Wachstum verschlossen und alle außer ihm hätten den Schlüssel. Und er weiß nicht, wem er die Schuld dafür geben soll. Sich selbst? Der Gemeinde? Gott? Er weiß nicht, was er tun soll. Die Gemeinde wechseln? Eine andere Bibelübersetzung lesen? Langsam machen und nachdenken? Sich reinknien und hart arbeiten?

Mein Freund ist nicht der Einzige, der durch die Wüste irrt. Die REVEAL-Studie der Chicagoer *Willow Creek*-Gemeinde hat sich auf die Suche nach Josuas gemacht. Seit 2007 werden die Mitglieder von über 1000 amerikanischen Gemeinden im

Rahmen dieser Studie befragt. Man will wissen, wie viel Prozent der Kirchgänger durch ihren Glauben tatsächlich angespornt werden, Gott und andere von ganzem Herzen zu lieben. Wie viele Christen würden von sich sagen, dass sie gerade eine „glorreiche Zeit" erleben?

Antwort: 11 Prozent.[3]

11 Prozent! Mit anderen Worten: Neun von zehn Christen verkümmern in der Wüste. Errettet? Ja. Bevollmächtigt? Nein. Sie verkümmern kläglich – im Zwischenland. Aus Ägypten heraus, aber noch nicht in Kanaan angekommen.

11 Prozent! Wenn an einer Schule nur 11 Prozent der Schüler den Abschluss schaffen würden, wenn in einem Krankenhaus nur 11 Prozent der Patienten geheilt würden, wenn eine Fußballmannschaft nur 11 Prozent ihrer Spiele gewinnen würde, wenn ein Bauunternehmer nur 11 Prozent seiner Aufträge fertigstellen würde, würde man da nicht etwas ändern?

Die Gemeinde Jesu hat ein gravierendes Problem.

Aber wir haben auch eine großartige Chance. Auf dieser Erde bezeichnen sich etwa 2,2 Milliarden Menschen als Christen. Das entspricht etwa einem Drittel der Weltbevölkerung.[4] Wenn diese Studie recht hat, schleppen sich etwa 2 Milliarden dieser Christen mit einem Bruchteil der möglichen PS durchs Leben. Diese Trägheit kann nur zu schwachen Gemeinden und halbherzig ausgeführten Dienstzweigen führen. Was wäre, wenn sie getunt würden? Wie würde diese Welt aussehen, wenn zwei Milliarden Menschen die Wüste hinter sich lassen würden? Wie viel Freude würde in unsere Atmosphäre strömen? Wie viel Weisheit würde freigesetzt und weitergegeben werden? Wie viele Ehen könnten gerettet, wie viele Kriege verhindert, wie viel Hunger könnte gestillt werden? Wie viele Waisenhäuser würden gebaut werden? Wie viele Waisenhäuser bräuchten wir noch? Wenn alle Christen im verheißenen Land leben würden, wie anders würde diese Welt aussehen?

Was wäre bei Ihnen anders, wenn Sie im verheißenen Land leben würden? Spüren Sie einen Widerspruch zwischen den Verheißungen der Bibel und der Realität Ihres Lebens? Jesus bietet Freude im Überfluss. Aber Sie erleben erdrückende Trauer. In den neutestamentlichen Briefen ist von Gnade die Rede, doch Sie schleppen so viel Schuld mit sich herum. Wir „triumphieren als Sieger“ (Römer 8,37), werden aber meistens von Versuchungen und Schwäche besiegt.

Wir stecken irgendwo zwischen Ägypten und Kanaan fest.

Denken Sie einmal darüber nach, wie Sie als Christ sein möchten. Welche Eigenschaften möchten Sie haben? Mehr Mitgefühl? Mehr Überzeugungen? Mehr Mut? Mit welchen Haltungen möchten Sie Schluss machen? Geiz? Schuldgefühle? Negative Gedanken? Kritiksucht?

Die gute Nachricht ist: Sie können es. Mit Gottes Hilfe können Sie die Lücke schließen zwischen dem Menschen, der Sie sind, und dem, der Sie sein möchten, ja, dem, als den Gott Sie geschaffen hat. Sie können „von einer Herrlichkeit zur anderen“ leben (2. Korinther 3,18; LÜ). Die Mauern von Jericho sind schon dazu verurteilt einzustürzen. Die Riesen fliehen bereits. Der Vertrag für Ihr neues Leben in Kanaan ist schon unterzeichnet. Sie müssen nur noch eines tun: das Land einnehmen.

Josua und seine Männer haben es getan. Sie zogen aus der dürren Wildnis ins verheißene Land, vom Manna zum Festmahl, von vertrockneter Wüste auf fruchtbare Felder. Sie traten ihr Erbe an. Ihre Grabschrift ist es wert, noch einmal gelesen zu werden.

So gab der Herr den Israeliten das ganze Land, das er den Vorfahren des Volkes versprochen hatte, und sie eroberten es und ließen sich darin nieder. Und der Herr gab ihnen Frieden ringsum, wie er es ihren Vorfahren geschworen hatte. Keiner ihrer Feinde konnte gegen sie bestehen, denn der Herr schenkte ihnen den Sieg über sie. Nicht eine einzige Verheißung, die der Herr Israel gegeben hatte, blieb unerfüllt. Sie trafen alle ein. Josua 21,43–45 (NL)

Nehmen Sie diese Verheißung für sich in Anspruch und setzen Sie Ihren Namen in den folgenden Text ein.

So gab der Herr ………………… das ganze Leben, das er versprochen hatte, und ………………… eroberte es und ließ sich darin nieder. Und der Herr gab ………………… Frieden ringsum, wie er es geschworen hatte. Keiner von ………………… Feinden konnte gegen ………………… bestehen, denn der Herr schenkte ………………… den Sieg über sie. Nicht eine einzige Verheißung, die der Herr ………………… gegeben hatte, blieb unerfüllt. Sie trafen alle ein.

Das ist Gottes Vision für Ihr Leben. Malen Sie sich das einmal aus. Ein Leben mit Vollgas. So sein, wie Gott es will. Jericho und seine Riesen besiegen.

Das Leben im verheißenen Land.

Es wartet nur darauf, von Ihnen eingenommen zu werden.

Rechnen Sie mit Herausforderungen. Der Feind wird nicht kampflos aufgeben. Aber erwarten Sie auch große Fortschritte.

Am Westufer des Jordans ist das Leben anders. Es gibt mehr Durchbrüche als Zusammenbrüche. Gottes Verheißungen überwiegen die Probleme. Siegen wird, ob Sie es glauben oder nicht, zu einem Lebensstil. Sollten Sie nicht langsam Ihre Adresse ändern – von „Wüste“ in „verheißenes Land“? Das Leben, nach dem Sie sich zutiefst sehnen, wartet auf Sie.

Sind Sie bereit loszuziehen?

KAPITEL 2

Treten Sie Ihr Erbe an

JOSUA 1,1–6

Es wird höchste Zeit, die Seuche zu bekämpfen. Sie hat schon viel zu lange ungestört gewütet. Hat viel zu viele ungehindert infiziert. Elend folgt ihr, zerbrochene Träume, zerstörte Ehen, geplatzte Hoffnungen. Hat diese Krankheit nicht schon genug Menschen infiziert?

Es wird Zeit, der „Ich kann das nicht"-Seuche den Kampf anzusagen.

Sie greift unsere Selbstbeherrschung an: „Ich kann dem Alkohol nicht widerstehen."

Unsere Karriere: „Ich kann keinen Job lange halten."

Unsere Ehen: „Ich kann nicht vergeben."

Unseren Glauben: „Ich kann nicht glauben, dass Gott mich liebt."

„Ich kann das nicht." Wo dieser Satz herumlungert, sind Entmutigung und Verzweiflung nicht fern. Wer hätte Josua einen Vorwurf machen können, wenn er diese Worte gemurmelt hätte? Das Buch über ihn fängt mit schlechten Nachrichten an: „Nachdem Mose, der Diener des Herrn, gestorben war …" (Josua 1,1; NL).

Mose war einzigartig! Als die Israeliten Sklaven in Ägypten waren, stellte sich Mose dem Pharao entgegen. Als das Rote

Meer tobte, bat Mose Gott um Hilfe. Als die ehemaligen Sklaven hungrig, durstig und orientierungslos waren, griff Mose ein, und Gott schenkte Nahrung, Wasser und die Zehn Gebote. Mose war für die Israeliten wichtiger als Königin Victoria, Napoleon oder Alexander der Große für ihre jeweiligen Nationen. Selbst George Washington muss sich die Felswand des Mount Rushmore mit drei anderen Präsidenten teilen. Hätte man das Gesicht von Mose in den Berg Sinai gemeißelt, hätten die Israeliten niemals einem anderen den Ehrenplatz neben ihm gegeben. Der Verlust von Mose war für sie gleichbedeutend mit dem Scheitern ihres Vorhabens.

Und sie hatten ihn verloren. Mose war gestorben.

Wie bestürzt, traurig und verängstigt waren sie! Und trotzdem sagte Gott zu Josua, als noch nicht einmal Gras über Moses Grab gewachsen war: „Mein Diener Mose ist tot. Nun mach dich auf …" (Vers 2).

Wir würden vermutlich einen ganz anderen Ton anschlagen: „Mein Diener Mose ist tot. Nun trauert … zieht euch zurück … findet euch neu … sucht euch einen Therapeuten." Aber Gott sagte: „Nun mach dich auf."

An dieser Stelle bekommen wir schon einen ersten Hinweis auf ein zentrales Thema im Buch Josua: Gottes Macht ändert den Stand der Dinge. Mose mochte tot sein, aber Gott war weiterhin da. Ihr Hirte war verstorben, aber ihr großer Hirte lebte.

Trotzdem hatte Josua allen Grund zu sagen: „Ich kann das nicht." Es gab zwei Millionen Gründe. Nach einer Volkszählung, von der uns im 4. Buch Mose berichtet wird, zogen 601 730 Männer, die 20 Jahre oder älter waren, nach Kanaan – die Leviten nicht eingerechnet.[1] Geht man davon aus, dass zwei Drittel dieser Männer eine Frau und drei Kinder hatten, waren das etwa zwei Millionen Israeliten. Josua führte keinen Pfadfinderstamm nach Kanaan. Die Bevölkerungszahl entsprach der Einwohnerzahl einer Großstadt!

Zwei Millionen unerfahrene Israeliten. Sie waren noch nie zuvor hier gewesen. Sie konnten gegen Schlangen, Leoparden und Sandstürme kämpfen. Aber die Mauern von Jericho überwinden? Den Streitwagen der Kanaaniter mit ihren eisernen Rädern standhalten? Gegen die blutrünstigen Barbaren am anderen Flussufer in den Krieg ziehen?

Perisiter, Hetiter, Kanaaniter, Amoriter … für uns sind das nur seltsame Namen. Aber bei den Israeliten lösten diese Namen Furcht und Schrecken aus. Diese Stämme waren der Inbegriff des Bösen. Sie tauchen in der Bibel schon bei Gottes Verheißung für Abraham auf:

„Du sollst wissen, dass deine Nachkommen Fremde in einem fremden Land sein werden. Sie werden 400 Jahre lang als Sklaven unterdrückt werden. … Erst wenn die Sünde der Amoriter das Maß vollgemacht haben wird, werden deine Nachkommen nach vier Generationen hierher zurückkehren.“ 1. Mose 15,13.16 (NL)

Acht Jahrhunderte lang pflegten die Amoriter eine ausgesprochen zerstörerische Kultur. Sie brachten ihren Göttern Säuglinge als Opfer dar. In ihren Städten feierten sie Orgien und verschrieben sich selbst der Zauberei und dem Götzendienst. Ein Historiker bezeichnete das Kanaan des 13. Jahrhunderts v. Chr. einmal als „Schlangengrube der Kinderopfer und Tempelprostitution … [Menschen, die] skrupellos genug waren, um die schwächsten Glieder der Gesellschaft (Säuglinge und Jungfrauen) zu benutzen, um Gott oder die Götter zu ihrem Vorteil zu manipulieren".[2] Das Buch der Jubiläen, das wahrscheinlich im 2. Jahrhundert v. Chr. verfasst wurde, bezeichnet die Amoriter als „ein böses, sündiges Volk, deren Bosheit die aller anderen Völker übertrifft und das von der Erde vertilgt wird".[3]

Noch ein Grund, weshalb Josua durchaus „Ich kann das nicht" hätte sagen können.

Ausrede Nr. 1: „Mose ist tot." Ausrede Nr. 2: „Meine Leute sind in Kriegsdingen völlig unerfahren." Ausrede Nr. 3: „Die Kanaaniter verspeisen uns zum Frühstück."

Aber er gab sich nicht geschlagen. Noch bevor Josua sich seiner Ängste besinnen konnte, gab Gott ihm einen Grund zu glauben. „So mach dich nun auf und zieh über den Jordan, du und dies ganze Volk, in das Land, das ich ihnen, den Israeliten, gegeben habe" (Josua 1,2; LÜ).

Nicht: „das Land, das ich ihnen vielleicht gebe".

Nicht: „das Land, das ihr erobern sollt".

Nicht: „das Land, dessen ihr euch würdig erweisen müsst".

Nicht: „das Land, das ihr euch verdienen, das ihr beschlagnahmen oder das ihr kaufen müsst".

Sondern: „das Land, das ich ihnen … gegeben habe".

Der Vorgang war schon abgeschlossen. Das Land war ihnen schon übertragen worden. Die Eroberung war eine vollendete Tatsache. Josua wurde nicht losgeschickt, um das Land einzunehmen, sondern um das Land anzunehmen, das Gott eingenommen hatte. Der Sieg war ihnen gewiss, weil es Gottes Sieg war.

Hm.

Als ich sechzehn war, sagte mein Vater etwas Ähnliches zu mir. Unsere Familie saß beim Abendessen, als etwas ganz Seltsames passierte. Irgendwann zwischen einem Löffel Erbsen und einer Gabel Bohnen lag plötzlich ein Autoschlüssel neben meinem Teller.

Das darauffolgende Gespräch verlief in etwa folgendermaßen:

Max: Was ist das für ein Schlüssel?
Vater: Der Schlüssel gehört zu dem Plymouth Belvedere, der draußen in der Einfahrt steht.
Max: Wem gehört der?
Vater: Dir.
Max: Ernsthaft?
Vater: Todernst.
Max: *(schluck)*

Mein ganzes Leben lang hatte ich meinen Vater um ein Auto angebettelt. Bereits auf meinen Ultraschallbildern halte ich ein Schild in der Hand, auf dem steht: „Ich will ein Auto!“ Die meisten Babys schreien: „Mama!“, ich schrie: „Mustang!“

Doch mein Vater antwortete darauf unerschütterlich: „Du bekommst ein Auto, wenn du es dir verdient hast, wenn du reif dafür bist, wenn du gespart hast, wenn du einen Kredit dafür aufgenommen hast, wenn du einen Zuschuss dafür bekommst, wenn du es bezahlen kannst.“ Mir wurde eingeredet, dass der Autokauf meine Angelegenheit war.

Aber dann kam jener wunderbare Abend, an dem mein Vater mir den Schlüssel überreichte. Einige Autos aus dem Fuhrpark des Unternehmens, in dem er tätig war, waren versteigert worden, und in einem Augenblick der Schwäche hatte er mir eines gekauft. Also gab er mir keinen Zahlungsbeleg oder eine Liste von Bedingungen, sondern den Schlüssel. „Nimm das Auto, das ich dir gegeben habe."

Ich besaß ein neues Auto, weil er es so verkündet hatte.

Die Israeliten besaßen ein neues Land, weil ihr Vater das Gleiche getan hatte. Als Josua seinen Mund wieder zubekam, erläuterte Gott ihm das Ausmaß seines Geschenks:

„Wohin ihr auch geht, werdet ihr Land betreten, das ich euch geschenkt habe: von der Wüste im Süden bis zu den Bergen des Libanon im Norden, das ganze Land der Hetiter, bis zum Euphrat im Osten und zum Mittelmeer im Westen. Das soll euer Gebiet sein." Josua 1,3–4 (NL)

Bedenken Sie, dass das Volk Israel nicht sesshaft war. Es besaß nicht einmal einen Bolzplatz. Aber durch ein einziges, grandioses göttliches Gebot wurde ihnen die Besitzurkunde vom Land ihrer Träume überreicht. Gott ließ die Schlüssel zu Kanaan vor der Nase von Moses Schützling baumeln und sagte: „Dreh 'ne Runde damit." Und in einem der größten Augenblicke Israels sagte Josua Ja. Er trat sein Erbe an.

Das Wort *Erbe* ist im Buch Josua so weit verbreitet wie *McDonald's* in Amerika. Man findet es fast sechzigmal. Das Gebot, das Land in Besitz zu nehmen, taucht fünfmal auf. Die größte Errungenschaft des Volkes Israel lässt sich in einem Satz zusammenfassen: „Josua entließ das Volk und jeder kehrte auf seinen Erbbesitz zurück" (Josua 24,28; GN).

Wird es Zeit, dass auch Sie Ihr Erbe antreten?

Und Sie haben ein Erbe! Wenn Sie Ihr Leben Jesus anvertraut haben, hat Gott Ihnen Kanaan anvertraut. Er „hat … uns Anteil gegeben an der Fülle der Gaben seines Geistes in der himmlischen Welt" (Epheser 1,3; GN).[4]

Man beachte die Zeitform: „*hat* uns gegeben". Nicht „*wird* uns geben" oder „*möchte* uns geben" oder „*wird* uns *eines Tages vielleicht* geben". Nein, das verheißene Land wurde auf Ihren Namen eingetragen. Der himmlische Grundbucheintrag wurde geändert. Gott hat Ihnen Kanaan schon gegeben. Sie haben bereits alles, was Sie brauchen, um das zu sein, was Gott sich für Sie wünscht. Sie haben Zugang zu „der Fülle der Gaben seines Geistes in der himmlischen Welt".

Das ist das wohl bestgehütete Geheimnis des christlichen Glaubens. Wir unterschätzen, was bei unserer Bekehrung passiert. Ein Autor merkte einmal an: „Für viele Christen ist die Lebenswende so etwas wie eine Autowäsche – man geht als dreckige Klapperkiste rein und kommt als saubere Klapperkiste heraus – alle Sünden sind abgewaschen."[5] Aber unsere Lebenswende ist mehr als nur das Abwaschen unserer Sünde. Sie ist eine Kraftspritze. Es ist, als würde Ihr alter Zweizylindermotor, der bereits 200 000 Kilometer auf dem Buckel hat, gegen einen nagelneuen Ferrari-Motor ausgetauscht. Gott hat den alten Motor, der aufgrund von Rebellion und Bosheit verdreckt, gerissen und kaputt war, gegen einen gleichmäßig laufenden, röhrenden Motor ausgetauscht. Er hat das Wesen Christi in Sie hineingepflanzt. „Wenn also ein Mensch zu Christus gehört, ist er schon ‚neue Schöpfung'. Was er früher war, ist vorbei; etwas ganz Neues hat begonnen" (2. Korinther 5,17; GN).

Sie sind mit allem voll ausgerüstet! Sie brauchen mehr Energie? Sie haben sie. Mehr Freundlichkeit? Sie gehört Ihnen. Brauchen Sie mehr Selbstbeherrschung, Disziplin oder Selbstvertrauen? Gott wird Sie „fähig [machen], all das Gute zu tun, das er haben will“ (Hebräer 13,21; GN). Treten Sie einfach aufs Gaspedal. „Gott hat uns alles geschenkt, was wir brauchen, um zu leben, wie es ihm gefällt“ (2. Petrus 1,3; Hfa).

Die glorreichen Zeiten fangen damit an, dass wir unsere Denkweise ändern.

In Kanaan kämpft man nicht um den Sieg. Man kämpft mit dem Sieg im Rücken. In der Wüste müht man sich ab. In Kanaan vertraut man. In der Wüste ringt man um Gottes Aufmerksamkeit. In Kanaan hat man Gottes Wohlwollen. In der Wüste zweifelt man an der eigenen Errettung. In Kanaan weiß man, dass man errettet ist. Man geht von der Sehnsucht nach etwas dazu über, daran zu glauben, dass man es bereits hat.

Als Sie Ihr Leben Jesus anvertraut haben, wurden Sie Teil von Gottes Königsfamilie. „Aber allen, die ihn aufnahmen und ihm Glauben schenkten, verlieh er das Recht, Kinder Gottes zu werden“ (Johannes 1,12; GN). Da Sie zur Familie gehören, haben Sie auch Zugang zu den Privilegien der Familie, und zwar zu allen. „Weil wir nun zu Christus gehören, hat Gott uns schon im Voraus als seine Erben eingesetzt“ (Epheser 1,11; Hfa).

Überrascht? Sie haben ja keine Ahnung, was das alles bedeutet! Der Apostel Paulus beschreibt, was Ihr Portfolio wert ist. „Denn der Geist Gottes selbst bestätigt uns tief im Herzen, dass wir Gottes Kinder sind. Und als seine Kinder sind wir auch Miterben an seinem Reichtum – denn alles, was Gott seinem Sohn Christus gibt, gehört auch uns“ (Römer 8,16–17; NL).

Wir sind gemeinsam mit Jesus Christus Miterben. Das an dieser Stelle verwendete griechische Wort ist *sugkleronomos* (*sug* – mit, zusammen; *kleronomos* – das Erbe).[6] Wir haben das gleiche Erbe wie Christus! Wir bekommen kein Almosen. Wir erben nicht die Überreste. Wir tragen keine Secondhandbekleidung. Wir müssen nicht mit den Cousins 3. Grades draußen in der Kälte bleiben. Zu Paulus' Zeiten erbte der Erstgeborene die Hälfte und die übrigen Geschwister teilten sich den Rest. Bei Christus ist das nicht so. „… denn so wie Christus mit dem Vater verbunden ist, so sind ja auch wir es in dieser Welt" (1. Johannes 4,17; GN). Jesu Anteil ist auch unser Anteil! Alles, was er hat, haben auch wir!

Denken Sie einmal darüber nach, was das bedeutet. Jesus konnte auf ein überfließendes Konto zurückgreifen. Groll konnte ihm nichts anhaben. Verzweiflung konnte ihn nicht packen. Stimmungsschwankungen konnten ihm nicht die Freude rauben. Sein Glaube war kugelsicher. Er war ein geistliches Fort Knox. Und wenn wir ihm unser Leben anvertrauen, vertraut er uns dafür seine Scheckkarte an.

Wie erklären wir dann den Unterschied? Wenn wir Miterben mit Christus sind, warum strampeln wir uns dann so ab? Wir haben den vollkommenen Frieden geerbt und doch ist unser Leben oft chaotisch. Wir können die Freude anzapfen, die auch Jesus hatte, und schleppen uns wie ein Esel mit Kolik durchs Leben. Gott hat uns versprochen, jeden Mangel auszufüllen, und trotzdem machen wir uns Sorgen und sind beunruhigt. Warum?

Mir fallen da zwei Gründe ein.

Wir wissen gar nichts von unserem Erbe. Niemand hat uns je

gesagt, „wie überwältigend groß die Kraft ist, mit der er an uns, den Glaubenden, wirkt“ (Epheser 1,19; GN). Niemand hat uns je gesagt, dass wir *mit* dem Sieg im Rücken kämpfen, nicht *um* den Sieg. Niemand hat uns je gesagt, dass das Land schon erobert ist. Manche Christen schöpfen nicht aus dem Reichtum ihres Erbes, weil sie gar nicht wissen, dass sie ein Erbe haben.

Aber jetzt wissen Sie es. Jetzt wissen Sie, dass Sie zu mehr erschaffen wurden als dafür, in der Wüste herumzuirren. Gott hat Sie aus Ägypten befreit, damit er Sie im verheißenen Land segnen kann. Mose musste das Volk immer wieder daran erinnern, dass Gott sie „aus Ägypten herausgeführt und hierhergebracht“ hatte (5. Mose 6,23; GN). Auch für unsere Erlösung gibt es einen Grund: Gott hat uns herausgebracht, damit er uns hineinführen kann. Er hat uns frei gemacht, damit er uns erhöhen kann.

Wir haben das Geschenk bereits erhalten. Werden Sie sich darauf verlassen?

Und hier liegt die zweite Erklärung für unsere Schwäche.

Wir vertrauen nicht darauf, dass dieses Erbe irgendwelche Auswirkungen auf unser Leben hat. Das war auch das Problem von Josuas Vorfahren. Sie glaubten nicht, dass Gott ihnen das Land wirklich geben konnte. Die glorreichen Zeiten Israels hätten auch schon 40 Jahre früher anfangen können. Darauf spielt Gott in seiner Verheißung an Josua an: „Ich sage dir zu, was ich schon Mose versprochen habe: ‚Wohin ihr auch geht, werdet ihr Land betreten, das ich euch geschenkt habe‘“ (Josua 1,3; NL). Noch einmal der Hinweis: *Dieses Angebot habe ich dem Volk schon zu Moses Zeiten gemacht, aber sie haben es nicht angenommen. Sie haben sich für die Wüste entschieden. Mach nicht den gleichen Fehler.*

Und Josua machte ihn nicht. Man muss zu seiner Ehre sagen, dass er Gott beim Wort nahm und sich daranmachte, das Land in Besitz zu nehmen.

Machen Sie es genauso. Treten Sie Ihr Erbe an. Gott ist an Ihrer Seite. Messen Sie Ihr Leben nicht an Ihren Fähigkeiten, sondern an Gottes Fähigkeiten. Auch wenn Sie nicht vergeben können, Gott kann es. Und weil er es kann, können Sie es auch. Sie haben Ihre Zunge, Ihr Temperament oder Ihre sexuellen Triebe vielleicht nicht unter Kontrolle, aber Gott schon. Und weil Sie Zugang zu allen Segnungen des Himmels haben, werden Sie zur rechten Zeit auch die nötige Kraft haben.

Der Autoschlüssel auf dem Tisch gehört Ihnen. Das Leben im verheißenen Land wartet nur darauf, dass Sie anfangen, es auch zu leben. Denken Sie um – lassen Sie die Wüste hinter sich, gehen Sie nach Kanaan.

In der Wüste denken wir: *Ich bin schwach und daran wird sich nie etwas ändern.*

Die Bewohner Kanaans sagen: „Ich war schwach, aber ich werde immer stärker."

Die Wüstenbewohner sagen: „Ich bin ein Opfer meiner Umstände."

Die Bewohner des verheißenen Landes sagen: „Ich werde diese Sache erfolgreich bewältigen, ganz egal, wie meine Lebensumstände jetzt auch aussehen."

Wüstenbewohner sagen: „Die Zeiten sind schwierig. Das werde ich nie überleben."

Gottes Volk sagt: „Es sind glorreiche Zeiten. Gott wird mich hindurchtragen."

Stellen Sie sich vor, was passieren würde, wenn eine ganze

Generation von Christen aus ihrem Erbe heraus leben würde. Frauen und Männer würden Pornoseiten im Internet wegklicken. Die Einsamen würden bei Gott Trost finden statt in den Armen Fremder. Ehepaare würden mehr Zeit mit Beten und weniger mit Streiten verbringen. Kinder würden es als Segen betrachten, für ihre alternden Eltern sorgen zu können.

Eine ganze Generation von Christen würde die Wüste verlassen.

„Ihr sollt erfahren, mit welch unermesslich großer Kraft Gott in uns, den Glaubenden, wirkt. Ist es doch dieselbe Kraft, mit der er Christus von den Toten auferweckte" (Epheser 1,19–20; Hfa).

Dieselbe unbeugsame, stählerne Kraft, die Jesus von den Toten auferweckt hat, wird aus jedem „ich kann das nicht" ein „ich kann das" machen. „Alles kann ich durch Christus, der mir Kraft und Stärke gibt" (Philipper 4,13; Hfa).

Ein neuer Tag liegt vor Ihnen. Ein neuer Tag, an dem Sie Dinge entdecken und erreichen können. Ein neuer Tag und neue Kraft. Lassen Sie jedes „ich kann das nicht" hinter sich. Halten Sie sich das „Gott kann es" vor Augen, und machen Sie sich bereit, den Jordan zu überqueren.

KAPITEL 3

Auf welche Stimme hören Sie?

JOSUA 1,7–18

In der vergangenen Woche ist unser Hund weggelaufen. (Hundeliebhaber auf der ganzen Welt, stöhnt gemeinsam mit mir, wenn euch das bekannt vorkommt.)

Ein Nachbar hatte mich auf einen traumhaften Ort für Hunde aufmerksam gemacht, wo sie toben und rennen können. Und ich hatte meinem Hund Andy davon erzählt.

„Andy, ich weiß, wo Hundeträume wahr werden. Da gibt's ein Bachbett mit einer großen Wiese. Keine Autos, keine Zäune, keine Leine. Du kannst überall schnüffeln, an Bäume pinkeln und Löcher untersuchen."

„Oh, Herrchen", bellte er, „das ist wau! Klingt wie glorreiche Zeiten für Hunde."

„Allerdings. Das verheißene Land für Hunde. Aber ich warne dich: Du musst immer bei mir bleiben. Die Wiese ist ein paar Kilometer entfernt. Unterwegs werden dich Rehe verführen. Hasen wollen dich locken. Vielleicht treffen wir unterwegs sogar einen verführerischen Pudel. Du musst aufpassen. Hör auf meine Stimme. Bleib bei mir."

„Jawau!", kläffte er.

Und tat er es? Nein. In dem Augenblick, als ich ihn aus dem Auto und von der Leine ließ, rannte er davon. Er sauste durch eine Baumgruppe und flitzte eine zehn Meter hohe Böschung hinauf.

„Andy!", rief ich. Er blieb stehen und sah zu mir herunter.

Er befand sich in einer moralischen Zwickmühle. Auf der einen Seite hörte er die verlockenden Stimmen der großen Wiese. Er vernahm den Ruf der Wildnis: „Komm schon, Andy. Lass uns Spaß haben." Auf der anderen Seite hörte er die Stimme seines weisen, erfahrenen und ausgesprochen gut aussehenden Herrchens. „Komm her, Andy."

Er sah zu mir, dann in die andere Richtung. Dann wieder zu mir und in die andere Richtung. Und dann verschwand er wie der Blitz.

Mein erster Gedanke war: *Meine Frau wird mich umbringen.*

Ich rannte ihm nach, aber er war schneller. „Mein nächster Hund wird ein kurzbeiniger Basset sein", beschloss ich. Ich wurde ganz heiser vom Rufen und meine Beine wurden müde vom Klettern. Ich brauchte eine Dreiviertelstunde, bis ich ihn gefunden hatte. Da war er endlich. Er lag erschöpft, durstig und, ich möchte fast sagen, reumütig unter einem Baum.

„Nur zu", sagte er, „erzähl in deinem Buch von mir. Ich habe das verheißene Land betreten, aber ich habe nicht auf die Stimme meines Herrn gehört."

Ich hatte nicht vorgehabt, meinen verlorenen Hund als Beispiel anzuführen, aber da er es mir schon anbot: Die Geschichte passt wirklich gut. Gott befürchtete nämlich, dass Josua und das Volk der Israeliten die Anweisungen ihres Herrn vergessen würden. In Kanaan buhlten unzählige neue, fremdartige, verführerische Stimmen um ihre Aufmerksamkeit. Daher die Warnung, bevor sie das verheißene Land betraten:

„Sei mutig und entschlossen! Bemühe dich darum, das ganze Gesetz zu befolgen, das dir mein Diener Mose gegeben hat. Weiche nicht davon ab! Dann wirst du bei allem, was du tust, Erfolg haben. Sag dir die Gebote immer wieder auf! Denke Tag und Nacht über sie nach, damit du dein Leben ganz nach ihnen ausrichtest. Dann wird dir alles gelingen, was du dir vornimmst.“ Josua 1,7–8 (Hfa)

Gott rief Josua auf, zwei Millionen ehemalige Sklaven nach Kanaan zu führen, damit sie dort ihr Erbe antreten konnten. Er gab dem Anführer alles, was er brauchte, um sein Lebenswerk auszuführen. Und welches Gebot gab Gott Josua? Lies in meinem Wort und höre darauf.

Josua hatte genau wie Sie und ich eine Bibel. Seine Bibel bestand allerdings nur aus fünf Büchern – den ersten vier Büchern Mose und zumindest Teilen des fünften Buches, die man mit der Bundeslade herumtrug. Aber Josua sollte die heiligen Schriften nicht nur besitzen. „Sag dir die Gebote immer wieder auf“ (Vers 8), wies Gott ihn an.

Das war Gottes Befehl an den Befehlshaber von Israel. Obwohl er ohne Zweifel der Anführer der Armee war, unterstand Josua Gottes Gesetz. Gott befahl ihm nicht, ein Gesetz zu erfinden, sondern sich von dem leiten zu lassen, was schon „geschrieben stand“.

Gott befahl Josua nicht, sich nach geistlichen Erfahrungen, einer persönlichen Offenbarung oder prickelnden Gefühlen auszustrecken. Das, was Gott zu Josua sagte, sagt er auch zu uns: Schlag deine Bibel auf.

Die Bibel ist das wichtigste Werkzeug für unser geistliches Wachstum. Das können wir deshalb so sicher sagen, weil Greg

Hawkins und Cally Parkinson gute Arbeit geleistet haben. Im Rahmen der Untersuchungen für ihr Buch *Move. What 1000 Churches Reveal about Spiritual Growth* machten sie sich auf die Suche nach den Hauptfaktoren für geistliches Wachstum. Sie stellten die gleichen Fragen, die wir uns stellen: Wie kommen wir von der Wüste ins Land Kanaan? Von einem schwachen Glauben zu einem Leben spendenden Glauben?

Ihre Studie wurde von einem unabhängigen Marktforschungsinstitut durchgeführt. Das säkulare Unternehmen sollte genaue Analysen durchführen. Es befragte dazu Menschen in 1000 amerikanischen Gemeinden. Und die Ergebnisse erstaunten mindestens 1000 Pastoren.

Nichts hat einen so großen Einfluss auf das geistliche Wachstum wie das Nachdenken über die Bibel. Wenn die Gemeinden nur eine einzige Sache tun könnten, um Menschen auf jeder Entwicklungsstufe des Glaubens zu helfen, ihre Beziehung zu Jesus zu vertiefen, wäre die Entscheidung klar: Sie würden ihre Mitglieder einladen, ermutigen und ausrüsten, die Bibel zu lesen.[1]

Der Schlüssel zu geistlichem Wachstum besteht nicht darin, häufiger in die Kirche bzw. die Gemeinde zu gehen oder an gemeindlichen Aktivitäten teilzunehmen. Die Menschen vertiefen nicht etwa dadurch ihre Beziehung zu Jesus Christus, dass sie in der Gemeinde mitarbeiten. Sie vertiefen diese Beziehung, wenn sie ihre Bibel lesen und ihr Vertrauen darauf setzen.

Sie wünschen sich „glorreiche Zeiten“? Dann beschäftigen Sie sich mit der Bibel. Denken Sie Tag und Nacht darüber nach. Denken Sie immer wieder über Gottes Wort nach. Lassen Sie sich davon leiten. Machen Sie es zu Ihrem Ratgeber, wenn Sie Fragen haben. Lassen Sie es die oberste Autorität in Ihrem Leben sein.

Richten Sie Ihre Marschroute nicht an der Meinung anderer aus oder an dem, was die Gesellschaft sagt. Wenn Sie das tun, machen Sie den gleichen Fehler wie der Sohn des Farmers. Der Vater schickte den Jungen los, ein Feld zu bestellen, und ermahnte ihn, gerade Furchen zu ziehen. „Such dir einen Punkt am anderen Ende des Feldes und halte beim Pflügen immer genau darauf zu."

Als der Vater später vorbeischaute, um zu sehen, wie der Sohn vorankam, war nicht eine gerade Furche auf dem Feld. Jede einzelne Furche war ungleichmäßig und krumm.

„Ich hatte dir doch gesagt, du sollst dir einen Punkt suchen und darauf zupflügen", meinte sein Vater.

„Das habe ich ja", erwiderte der Sohn, „aber der Hase ist immer hin und her gehüpft."

Auch ein gutes, gradliniges Leben erfordert ein unbewegliches Ziel. Richten Sie den Blick auf die unveränderlichen Prinzipien Gottes. Machen Sie Gottes Wort zur verbindlichen Richtschnur Ihrer Welt.

Wenn Sie diese Entscheidung fällen, werden Sie merken, dass Sie immer wieder mit den Gepflogenheiten unserer Kultur aneinandergeraten. Wir richten uns einfach lieber nach dem Stimmzettel, der Meinungsumfrage oder was auch immer sich gut anfühlt.

Dieser Gegenwind ist nichts Neues. Als Paulus an Timotheus schrieb, gab der Apostel dem jungen Gemeindeleiter ein paar Ratschläge für den Umgang mit der grassierenden Selbstsucht seiner Kultur. Paulus zählte neunzehn Eigenschaften von Menschen auf, die alle das Ergebnis einer Rebellion waren (2. Timotheus 3,1–5). Und wie geht man mit dieser Ichbesessenheit um? Man wendet sich an die Bibel:

Halte am Glauben fest, so wie du ihn kennengelernt hast. Von seiner Wahrheit bist du ja überzeugt. Schließlich weißt du genau, wer deine Lehrer waren. Außerdem bist du von frühester Kindheit an mit der Heiligen Schrift vertraut. Sie zeigt dir den einzigen Weg zur Rettung, den Glauben an Jesus Christus. Denn die ganze Heilige Schrift ist von Gott eingegeben. Sie soll uns unterweisen; sie hilft uns, unsere Schuld einzusehen, wieder auf den richtigen Weg zu kommen und so zu leben, wie es Gott gefällt. 2. Timotheus 3,14–16 (Hfa)

Paulus schreibt, dass uns die Bibel „den einzigen Weg zur Rettung [zeigt], den Glauben an Jesus Christus“ (Vers 15). Wir sind verloren und müssen errettet werden. Jesus liebt uns, er ist unser Retter, dem wir unser Leben anvertrauen sollten. Das ist die grundlegende Botschaft der Bibel.

Aber ist die Bibel wirklich von Gott inspiriert, fragen wir uns? Können wir Paulus' Einschätzung trauen, dass „die ganze Heilige Schrift von Gott eingegeben“ ist?

Hier sind die Gründe, weshalb *ich* das glaube.

Die Zusammensetzung ihrer Verfasser ist außergewöhnlich. Sie wurde über einen Zeitraum von sechzehn Jahrhunderten von vierzig Autoren geschrieben, darunter Soldaten, Hirten, Bauern und Fischer, angefangen bei Mose in Arabien bis zu Johannes auf Patmos. Sie wurde von Königen in Palästen, Hirten in Zelten und Häftlingen im Gefängnis niedergeschrieben.

Wäre es möglich gewesen, dass vierzig verschiedene Autoren, die sich zumeist nicht kannten, in drei verschiedenen Sprachen und mehreren Ländern schrieben und durch sage und schreibe sechzehn Jahrhunderte getrennt waren, ein Buch mit einem gemeinsamen Thema schreiben, wenn dahinter nicht ein Geist und eine Person steht?

Sie ist außergewöhnlich beständig. Sie ist das am häufigsten gedruckte Buch der Menschheitsgeschichte. Sie wurde von einem Heer an Übersetzern übersetzt und man kann Teile von ihr (das Neue Testament) in über 1300 Sprachen lesen.[2] Sie hat alle ihre Widersacher überlebt. Regierungen haben sie verbrennen lassen, und sie wurde aus Gerichtssälen verbannt, aber Gottes Wort hat Bestand. Ihre Totenglocke wurde schon Hunderte Male geläutet, aber Gottes Wort lebt weiter.

Sie enthält außergewöhnliche Prophetien. Auf ihren Seiten stehen über 300 Prophetien über das Leben Jesu, die in Erfüllung gegangen sind[3], obwohl sie alle mindestens 400 Jahre vor seiner Geburt aufgeschrieben wurden. Wie groß ist die Wahrscheinlichkeit, dass so etwas geschieht? Stellen Sie sich vor, so etwas würde heute passieren. Wenn wir ein Buch aus dem Jahre 1900 finden würden, in dem zwei Weltkriege, eine Weltwirtschaftskrise, der Abwurf einer Atombombe und die Ermordung eines amerikanischen Präsidenten und eines Bürgerrechtlers vorhergesagt werden, würden wir dem Übrigen, was in dem Buch steht, nicht auch glauben?

Außerdem wollen wir wissen, ob die Bibel etwas bewirkt. „Funktioniert" sie? Verändern uns ihre Lehren? Es gibt nur einen Weg, das herauszufinden: Klicken Sie auf „Speichern".

Wir alle kennen die Erleichterung, wenn unser Rechner

abstürzt und wir ein schon verloren geglaubtes Dokument doch retten können, weil wir es gespeichert hatten.

Der Klick auf den „Speichern"-Button verändert die Festplatte. Worte, die bislang nur auf dem Bildschirm standen, wandern auf die Festplatte des Rechners. Solange die Worte auf den Bildschirm beschränkt sind, sind sie gewissermaßen verletzlich und den Launen des Cursors ausgesetzt. Aber wenn wir sie speichern, sind sie sicher.

Klicken Sie auf „Speichern", wenn es um die Bibel geht? Wenn wir zulassen, dass das, was wir in der Bibel lesen, Teil von uns selbst wird, verhindern wir, dass die Wahrheiten der Bibel im „Papierkorb" landen und verloren gehen. Jesus sagte: „Ihr werdet die Wahrheit erkennen, und die Wahrheit wird euch befreien!" (Johannes 8,32; Hfa). Wenn wir die Wahrheit erkennen, befreit sie uns von Schuld, Angst und Wut. Die Wahrheit der Bibel formt und gestaltet unser Herz um. Nur wenn Sie zulassen, dass die Wahrheit der Bibel Autorität über Ihr Leben hat, werden Sie erfahren, ob sie funktioniert.

Ich habe festgestellt, dass das ganz besonders auf zwischenmenschliche Beziehungen zutrifft. Sie werden es vielleicht nicht glauben, aber nicht jeder kann den Pastor leiden. Manchmal passiert mir in der Predigt ein Missgeschick oder mir rutscht ein falsches Wort heraus und ich ziehe mir das Missfallen eines Gemeindemitglieds zu. In meinen ersten Jahren als Pastor habe ich es einfach abgetan, wenn ich mitbekam, dass jemand unzufrieden mit mir war. „Wenn der Betreffende nicht selbst zu mir kommt, kann ich da auch nichts machen."

Aber dann las ich, was Jesus dazu sagte: „Wenn du zum Altar gehst, um Gott deine Gabe zu bringen, und dort fällt dir ein, dass dein Bruder oder deine Schwester etwas gegen dich hat, dann lass deine Gabe vor dem Altar liegen, geh zuerst hin und söhne dich aus. Danach komm und bring Gott dein Opfer" (Matthäus 5,23–24; GN).

Jesus weist den Verursacher an, die Initiative zu ergreifen und die Beziehung in Ordnung zu bringen – auch wenn das Ganze keine böse Absicht war. Ich finde diese Verse ausgesprochen unangenehm.

Trotzdem habe ich versucht, sie anzuwenden.

„Bob, habe ich etwas gesagt, das dich verletzt hat?", fragte ich.

„Mary, ich habe das Gefühl, dass es zwischen uns Spannungen gibt. Ist alles in Ordnung?"

Dieser Schritt hat in jedem Fall, ohne Ausnahme, zur Versöhnung geführt. In meinen vierzig Jahren als Pastor hat diese praktische Lehre nie ihre Wirkung verfehlt. Biblische Wahrheit gemischt mit Gehorsam ist ein Heilmittel für viele Probleme.

Gottes Wort funktioniert, aber wir müssen auf „Speichern" klicken, damit ihre Lehren Teil unseres Lebens werden.

Jesu Jünger mussten auch daran erinnert werden, das zu tun. Er sagte einmal zu ihnen: „Kommt, wir fahren zum anderen Ufer hinüber!" (Markus 4,35; GN). Gesagt, getan. Aber auf dem Weg zum anderen Ufer des Sees Genezareth geriet ihr Boot in unruhige Gewässer: „Da kam ein schwerer Sturm auf, sodass die Wellen ins Boot schlugen. Das Boot füllte sich schon mit Wasser" (Vers 37). Der Himmel öffnete seine Schleusen, es schüttete wie aus Eimern, und die Wellen drohten das Boot zum Kentern zu bringen. Die Jünger wollten sich an Jesus wenden, mussten aber feststellen, dass er fest schlief. Sie schrien: „Lehrer, kümmert es dich nicht, dass wir untergehen?" (Vers 38).

Jesus wachte auf, erhob sich und befahl dem Sturm, still zu sein. Dann sagte er zu den Jüngern: „Habt ihr denn immer noch kein Vertrauen?“ (Vers 40).

Ist es nicht verblüffend, dass Jesus die Jünger zurechtweist? Die Wellen tobten, das Meer war aufgewühlt. Warum schimpfte Jesus da mit *ihnen*?

Ganz einfach. Sie hatten ihm nicht vertraut. Er hatte gesagt, sie würden ans andere Ufer fahren. Er hatte nicht gesagt: „Wir fahren auf den See hinaus, um dort zu ertrinken.“ Jesus hatte schon verkündet, wie die Sache ausgehen würde. Aber als der Sturm aufzog, hörten die Jünger nur noch das Heulen des Windes und vergaßen seine Worte.

Stellen Sie sich vor, ein Sturm kommt auf Sie zu. Der Wind heult, Ihr Boot wird hin und her geworfen und Sie müssen eine Entscheidung fällen: Vertrauen Sie der Stimme Jesu oder hören Sie nur das Lärmen der Krise? Vertrauen Sie auf die Verheißungen der Bibel oder vernehmen Sie nur noch das Tosen des Sturms?

Wenn man das Leben führen will, nach dem man sich sehnt, muss man beständig auf Gottes Wort vertrauen. Wüstenbewohner vertrauen Gottes Wort nur gerade genug, um Ägypten hinter sich zu lassen. Die Bewohner von Kanaan machen die Bibel aber zu ihrem Lebensratgeber.

Darauf hat Gott schon Josua hingewiesen: „Denke Tag und Nacht darüber nach“ (Josua 1,8). Wörtlich heißt es dort: „Sprich die Weisungen aus meinem Gesetzbuch ständig vor dich hin“ (GN).[4] Hier ist von jemandem die Rede, der Gottes Wort ständig zitiert, aufsagt und darüber nachdenkt. Kanaan ist angefüllt vom Lärm feindlicher Stimmen. Der Teufel schreit uns über

Lautsprecher Zweifel und Tod in die Ohren. Passen Sie auf, auf welche Stimme Sie Ihre Aufmerksamkeit richten.

„Lasst das Wort Christi reichlich unter euch wohnen: Lehrt und ermahnt einander in aller Weisheit“ (Kolosser 3,16; LÜ). Kauen Sie es. Schlucken Sie es. Sprechen Sie es laut aus.

Fangen Sie mit einem Gebet an. „Bitte sprich zu mir, Gott, wenn ich heute in der Bibel lese.“ Und dann lesen Sie mit einer offenen Haltung so lange, bis etwas Sie anspricht. Das habe ich heute Morgen gemacht. Ich habe im Epheserbrief gelesen. In dem heutigen Abschnitt ging es darum, dass Ehemänner liebevoll für ihre Frauen sorgen sollen (Epheser 5,28–29). Ich habe diese Worte markiert und gebetet: „Herr, wie kann ich liebevoll für Denalyn sorgen?“ Der Vers ging mir den ganzen Tag durch den Kopf. Beim Mittagessen habe ich sie sogar gefragt: „Schatz, wie kann ich liebevoll für dich sorgen?“ Sie schaute mich zwar etwas seltsam an, aber ich dachte weiter darüber nach.

Auf diejenigen, die sich intensiv immer wieder mit Gottes Wort beschäftigen, wartet eine großartige Belohnung. Gott versprach Josua: „Dann wirst du auf deinem Weg Glück und Erfolg haben“ (Josua 1,8; EÜ). Das ist die einzige Stelle im Alten Testament, wo die Worte *Glück* und *Erfolg* zusammen auftauchen. Das hebt die Verheißung noch hervor. Leben Sie nach Gottes Wort und Sie dürfen mit Glück und Erfolg rechnen.

Zucken Sie jetzt nicht zusammen. Die Aussage in Josua 1, Vers 8 bedeutet nicht, dass Sie schon früh eine fette Rente erwartet. Wenn wir in den USA von Glück und Erfolg sprechen, dann hat das für uns oft mit Geld zu tun. Doch die Bibel hat keine so enge Sicht. Die Verheißung von Glück schließt manchmal durchaus Geld mit ein, bezieht sich aber weitaus häufiger auf das Wohlergehen von Geist, Seele und Leib. Gott schenkt der Führungsperson neue Fähigkeiten, dem Arbeiter einen gesunden Schlaf, dem Lehrer mehr Geduld, der Mutter mehr Liebe und den Alten mehr Hoffnung. In der Bibel bewandert zu sein führt in geistlicher Hinsicht zu Überfluss.

Wie glücklich ist ein Mensch,
der sich nicht verführen lässt von denen, die Gottes Gebote missachten,
der nicht dem Beispiel gewissenloser Sünder folgt
und nicht zusammensitzt mit Leuten, denen nichts heilig ist.
Wie glücklich ist ein Mensch, der Freude findet an den Weisungen des Herrn,
der Tag und Nacht in seinem Gesetz liest und darüber nachdenkt.
Er gleicht einem Baum,
der am Wasser steht;
Jahr für Jahr trägt er Frucht,
sein Laub bleibt grün und frisch.
Was immer ein solcher Mensch unternimmt, es gelingt ihm gut.
Psalm 1,1–3 (GN)

Und Gottes Anweisung genügte Josua. Er reagierte mit Gehorsam. Er sagte seinen Männern: „In drei Tagen werden wir den Jordan überschreiten und das Land in Besitz nehmen, das der Herr uns geben will. Bereitet genügend Verpflegung für den Marsch vor!" (Josua 1,11; GN).

Kein Zögern, keine Zurückhaltung. Nicht wie Sarah, die sagte: „Ich bin zu alt" (1. Mose 18,12). Nicht wie Mose, der meinte: „Ich bin kein guter Redner" (2. Mose 4,10). Nicht wie die

Jünger, die zweifelten: „Wir haben nicht genügend zu essen, um die Hungrigen zu speisen" (Matthäus 14,17). Die anderen sträubten sich gegen Gottes Ruf, aber Josua nicht. Gott sprach und er glaubte ihm.

Machen Sie es genauso. Lernen Sie von Josua.

Und lernen Sie von meinem Hund Andy. Weil er wusste, dass ich dieses Kapitel schreiben würde, sagte er heute zu mir:

„Herrchen …"

(Ich liebe es, wenn er mich so nennt.)

„Ja, Andy."

„Kannst du deinen Lesern etwas von mir ausrichten?"

„Natürlich."

„Sag ihnen, dass ich meine Lektion gelernt habe. Wenn ich mich zu weit von der Stimme meines Herrchens entferne, geht es in meinem Leben drunter und drüber."

KAPITEL 4

Es ist in Ordnung, wenn nicht alles in Ordnung ist

JOSUA 2

Ein paar Kinder aus Cateura, einer Ortschaft ein paar Kilometer südlich der paraguayischen Stadt Asunción, machen mit Müll Musik. Sie fertigen aus Waschschüsseln Pauken und aus Regenrohren Trompeten. Wenn andere Orchester ihre Instrumente stimmen, dann sind ihre Celli aus Ahornholz und ihre Tuben aus Messing. Bei diesem Orchester ist das nicht so. Sie spielen die Sonaten von Beethoven auf Plastikeimern.

In ihrer Gegend wächst nur eines: der Müll. Müllsammler sortieren den Abfall und verkaufen die Reste für ein paar Cent. Vielen von ihnen ist das gleiche Schicksal widerfahren wie dem Müll: Sie wurden gewissermaßen weggeworfen und entsorgt.

Aber dank zweier Männer machen sie jetzt Musik.

Favio Chavez ist Umwelttechniker, der eine Musikschule als willkommene Abwechslung für die Kinder aufbaute. Don Cola Gomez ist Müllmann und Zimmerer. Er hat in seinem Leben noch nie eine Geige gesehen, gehört oder in der Hand gehabt. Aber als jemand ihm das Instrument beschrieb, nahm dieser ungebildete Handwerker eine Farbdose und ein Backblech, ging in seine Werkstatt und baute daraus eine Violine. Sein nächstes Instrument war ein Cello. Den Korpus formte er aus einem

Ölfass, die Stimmwirbel aus einer Haarbürste, einem Schuhabsatz und einem Holzlöffel.

Dank diesem Müll-Stradivari bekommt der Müll eine zweite Chance, genau wie die Kinder, die zwischen den Müllbergen leben. Seit dem Tag, an dem diese Geschichte in die Medien kam, wurden sie von Meistern ihres Fachs betreut, waren landesweit im Fernsehen zu sehen und gingen auf Welttournee. Man bezeichnete sie als die „Müllharmonie“ oder das „Cateura Recycling-Orchester“.[1]

Man könnte sie auch als Abbild der Gnade Gottes bezeichnen.

Gott verwandelt „Gesindel“ in Musiker. Im himmlischen Orchester spielen die unglaublichsten Künstler. Petrus, die erste Trompete, leugnete mehrmals ziemlich deutlich, Jesus zu kennen, der ihn doch errettet hatte. Paulus spielt Geige. Aber er hat auch einmal den religiösen Schläger gespielt. Und der Typ an der Harfe? Das ist David, König David. Der Weiberheld. Der Intrigant. Der blutrünstige David. Der reumütige David.

Beachten Sie besonders die Frau mit der Klarinette. Sie heißt Rahab. Um sie geht es im 2. Kapitel im Buch Josua. „Von Schittim aus schickte Josua heimlich zwei Männer auf die andere Seite des Jordans und befahl ihnen: ‚Erkundet das Land dort drüben und besonders die Stadt Jericho!‘ Die Kundschafter kamen in die Stadt und kehrten im Haus einer Prostituierten namens Rahab ein, um dort zu übernachten“ (Josua 2,1; GN).

Für das Volk Israel war die Zeit gekommen, ins verheißene Land zu ziehen. Jericho, eine beeindruckende Stadt am Nordende des Toten Meeres, war die erste Hürde. Kanaaniter bewohnten die Stadt. Würde man diese Menschen als Barbaren bezeichnen, wäre das, als würde man sagen, am Nordpol sei es etwas … frisch. Diese Leute verwandelten die Anbetung im Tempel in eine Orgie. Sie begruben Neugeborene bei lebendigem Leib. Die Einwohner Jerichos hatten keinerlei Respekt vor dem menschlichen Leben oder vor Gott.

In diese Stadt schlichen sich die beiden Späher, die Josua ausgesandt hatte.

Und in dieser Stadt trafen die beiden Späher auf eine Prostituierte namens Rahab.

Selbst wenn man ihren Beruf nicht erwähnen würde, könnte man viel über Rahab erzählen. Sie war Kanaaniterin. Sie gewährte Josuas Spähern Unterschlupf. Sie glaubte an den Gott Abrahams, bevor sie überhaupt den Kindern Abrahams begegnete. Sie blieb bei der Zerstörung ihrer Stadt verschont. Sie wuchs in die hebräische Kultur hinein. Sie heiratete einen Zeitgenossen von Josua, bekam einen Sohn namens Boas, einen Urenkel namens Jesse, einen Ururenkel namens David und hatte einen Nachfahren namens Jesus. Ja, Rahab taucht im Familienstammbaum von Gottes Sohn auf.

In ihrem Lebenslauf muss ihr Beruf nicht unbedingt erwähnt werden. Und trotzdem wird sie bei fünf von acht Gelegenheiten, bei denen ihr Name in der Bibel auftaucht, als „Hure“ bezeichnet.[2] Fünf Mal! Wäre ein Mal nicht genug gewesen? Und hätte man ihre Tätigkeit das eine Mal nicht ein wenig beschönigen können, zum Beispiel: „Rahab, die beste Hostess der Stadt“ oder „Rahab, bei der sich alle wohlfühlten“? Man könnte ihre Berufswahl verheimlichen, sie verschleiern, beschönigen, ein bisschen Make-up auf diesen unschönen Fleck in der Bibel auftragen. Lassen wir doch den Hinweis auf ein Bordell.

Aber die Bibel macht das nicht. Ganz im Gegenteil. Sie weist regelrecht mit Leuchtreklame darauf hin. In der Aufzählung berühmter Personen steht er im Hebräerbrief sogar bei ihrem Namen. Hier werden Abel, Noah, Abraham, Isaak, Jakob, Josef, Mose … aufgezählt und dann plötzlich die „Hure Rahab“ (Hebräer 11,31). Keine Anmerkung, keine Fußnote, keine Entschuldigung. Ihre Vergangenheit als Hure gehört zu ihrer Geschichte mit Gott dazu.

Und ihre Geschichte fängt so an: „Kurz darauf erhielt der König von Jericho die Nachricht: ‚Heute Abend sind israelitische Männer eingetroffen, die unser Land erkunden sollen. Sie halten sich bei Rahab auf‘“ (Josua 2,2; Hfa). Der König konnte die große Schar Israeliten sehen, die am östlichen Jordanufer kampierten. Rahab verriet den Spähern später, dass die Bewohner von Jericho große Angst vor den Israeliten hatten. Es sprach sich herum, dass die Neuankömmlinge Gottes Gunst genossen und dass es jedem, der sich ihnen in den Weg stellte, übel erging. Als der König erfuhr, dass die Späher bei Rahab Unterschlupf gefunden hatten, schickte er seine Soldaten, um sie dingfest zu machen.

Ich sehe schon vor mir, wie sich ein halbes Dutzend Männer durch die enge Kopfsteingasse im Rotlichtviertel zwängt. Es ist spät abends. Die mit Fackeln erleuchteten Kneipen sind geöffnet und die Kunden stockbesoffen. Sie rufen den Männern des Königs obszöne Bemerkungen nach, aber die Soldaten reagieren nicht. Sie gehen weiter, bis sie vor der Holztür eines steinernen Hauses direkt an der berühmten Stadtmauer von Jericho stehen bleiben. Die Laterne davor brennt nicht, und die Soldaten fragen sich, ob wohl jemand zu Hause ist. Der Hauptmann hämmert an die Tür. Drinnen hört man schlurfende Schritte. Rahab macht auf. Sie trägt mehrere Schichten Make-up und hat ihre Augen schwarz geschminkt. Unter ihrem tief ausgeschnittenen Gewand kann man ein paar gute Stücke von „Victoria's Secret" sehen. Ihre raue Stimme verrät, dass sie Kettenraucherin ist. Sie stemmt eine Hand in die Hüfte und hält in der anderen einen Martini.

„Tut mir leid Jungs, wir sind für heute Nacht ausgebucht."

„Deswegen sind wir nicht hier", fährt der Hauptmann sie an. „Wir kommen wegen der Hebräer."

„Hebräer?" Fragend neigt sie den Kopf zur Seite. „Ich dachte, ihr wolltet ein bisschen Spaß haben."

Sie zwinkert mit ihren dicken, schwarz getuschten Wimpern einem jungen Soldaten zu. Er wird rot, aber der Hauptmann lässt sich nicht von seinem Auftrag abbringen.

„Wir suchen die Spione. Wo sind sie?"

Sie tritt vor die Tür, schaut nach links und nach rechts und raunt ihnen dann zu: „Ihr habt sie gerade verpasst. Kurz bevor die Stadttore geschlossen wurden, haben sie sich davongeschlichen. Wenn ihr euch beeilt, kriegt ihr sie noch."

Die Männer des Königs machen kehrt und rennen los. Als sie um die Ecke verschwunden sind, rennt Rahab die Treppe zum Dach hinauf, wo sich die beiden Späher versteckt haben. Sie sagt ihnen, dass die Luft rein ist. „Die ganze Stadt spricht von euch und eurer Armee. Alle haben Schiss. Der König kann nicht mehr schlafen und den Leuten ist der Appetit vergangen. Sie schlucken Beruhigungsmittel, als seien es Tic Tacs. Das letzte bisschen Mut ist mit dem Morgentau verdunstet" (Josua 2,9–11; FNL – frei nach Lucado).

Ihre Worte müssen die Späher verblüfft haben. Sie hatten nicht damit gerechnet, in Jericho lauter Feiglinge vorzufinden. Und noch viel weniger hatten sie damit gerechnet, in einem Bordell Glauben zu finden. Aber so war es. Lesen Sie hier, was Jerichos zwielichtige Dame zu den beiden sagte:

„Ich weiß, dass der Herr euch dieses Land gegeben hat … Denn wir haben gehört, wie der Herr euch trockenen Fußes durch das Rote Meer gebracht hat, als ihr aus Ägypten auszogt. Wir wissen auch, was ihr Sihon und Og, den beiden Amoriterkönigen jenseits des Jordan, angetan habt … der Herr, euer Gott, ist der Gott oben im Himmel und unten auf der Erde. Josua 2,9–11 (NL)

Ob Sie es glauben oder nicht, Rahab fand Gott. Oder besser ausgedrückt: Gott fand Rahab. Er hatte in dieser knallharten Stadt ein weiches Herz entdeckt und kam zu ihr, um sie zu retten. Er hätte die ganze Stadt gerettet, aber niemand sonst sehnte sich danach. Andererseits war Rahab den anderen gegenüber im Vorteil. Sie hatte nichts zu verlieren. Sie war ganz unten auf der sozialen Leiter. Sie hatte ihren Ruf, ihr gesellschaftliches Ansehen und ihre Aufstiegschancen schon verspielt. Sie war ganz unten.

Vielleicht sind Sie das auch.

Sie haben vermutlich nicht Ihren Körper verkauft, aber Ihre Loyalität, Ihre Zuneigung, Ihre Aufmerksamkeit und Ihre Gaben. Sie haben alles verkauft. Das haben wir alle. Wir alle fragen uns: *Das Leben, nach dem wir uns sehnen? Das können vielleicht die anderen führen, aber nicht ich. Ich bin … zu schmutzig, zu dreckig, zu belastet. Ich habe zu viel gesündigt, bin zu oft gestrauchelt, zu oft ins Schwimmen geraten. Ich bin auf dem Müllhaufen der Gesellschaft gelandet. Für mich gibt es keine glorreichen Zeiten mehr.*

Gott hat eine ganz kurze Antwort auf solche Zweifel: Rahab!

Damit wir nicht denken, dass Gottes verheißenes Land nur für ein paar wenige Auserwählte gedacht sei, hat er ihre Geschichte an den Anfang gestellt. Der Autor widmet ihr ein ganzes Kapitel. Unglaublich! Sie bekommt mehr Text als die Priester, die Späher oder Josuas Gehilfe. Wenn Quantität und Reihenfolge in der Theologie irgendwie von Bedeutung sind, dann besagt Rahabs Story, dass Gott einen Platz hat für die Rahabs dieser Welt.

Denken Sie doch einmal an das neutestamentliche Gegenstück zu Rahab – die Samariterin. Als Jesus ihr begegnete, war sie, für damalige Verhältnisse, auf einem steilen Weg nach unten. Fünf Exmänner und ein halbes Dutzend Kinder, die alle einem anderen Vater ähnlich sahen. Nach einem jahrzehntelangen Lotterleben war sie ausgelaugt und ausgestoßen und lebte mit ihrem Lebensabschnittsgefährten zusammen, der eine Heirat für Zeitverschwendung hielt.

Die Klatschweiber zerrissen sich das Maul über sie. Wie sonst ließe sich erklären, dass sie mittags am Brunnen auftauchte? Andere Frauen füllten ihre Wasserkrüge früh am Morgen, aber diese Frau zog den Mittag vor, weil ihr wahrscheinlich die mittägliche Hitzewelle lieber war als die Welle der Verachtung.

Wäre da nicht dieser Fremde gewesen, wäre ihre Geschichte im Sand von Samarien verlaufen. Aber er trat mit einer Verheißung endloser Wasserströme, die ihren Durst stillen würden, in ihr Leben. Ihre Vergangenheit schreckte ihn nicht ab. Ganz im Gegenteil. Er bot ihr an, aus ihrem Müll Musik zu machen. Sie nahm sein Angebot an. Das wissen wir, denn als Nächstes geschah Folgendes:

Viele Samariter aus dem Dorf glaubten nun an Jesus, weil die Frau ihnen erzählt hatte: „Er hat mir alles ins Gesicht gesagt, was ich jemals getan habe!“ Als sie dann mit Jesus zusammentrafen, baten sie ihn, bei ihnen zu bleiben. Deshalb blieb er noch zwei Tage und noch viel mehr Menschen hörten seine Botschaft und glaubten an ihn. Zu der Frau sagten sie: „Nun glauben wir, weil wir ihn selbst gehört haben, und nicht nur aufgrund deiner Worte. Jetzt wissen wir, dass er wirklich der Retter der Welt ist.“ Johannes 4,39–42 (NL)

Die Frau am Rande der Gesellschaft wurde die Frau mit der Botschaft. Niemand sonst hatte ihr eine Chance gegeben. Jesus gab ihr die Chance ihres Lebens. Er ist wegen Menschen wie ihr gekommen.

Für Menschen wie die Frau im *Grace House* (Haus der Gnade). Das *Grace House* ist ein Wohnheim für Frauen, die im Gefängnis gesessen haben. Sie leben gemeinsam unter einem Dach, essen am selben Tisch und beten zum selben Herrn. Sie lesen die Bibel, lernen einen Beruf und vor allem lernen sie, ihrer neuen Identität zu vertrauen.

Vor Kurzem war ich bei einer Spendenaktion für diese Arbeit. Beim Abendessen gab eine der Bewohnerinnen ihr Zeugnis. Sie erzählte von einem Leben mit Prostitution, Drogen und Alkohol. Ihre Ehe ging in die Brüche. Ihre Kinder wurden ihr genommen und dann auch ihre Freiheit. Aber schließlich fand Jesus sie. Was mich berührte, war der immer wiederkehrende

Satz in ihrer Geschichte: „Früher war ich … aber jetzt bin ich …“: „Ich war früher auf Drogen, jetzt bin ich clean. Ich lebte früher auf der Straße, jetzt stehe ich auf eigenen Beinen.“

Ich war … aber jetzt … Das ist das Lied der Gnade. Und es ist Gottes Werk. Und was für ein Werk hat er in Rahabs Leben vollbracht!

Wie sich zeigte, waren die hebräischen Späher in Wahrheit Missionare. Sie dachten zwar, sie seien auf einem Erkundungsgang. Aber nein. Gott war nicht auf den Bericht von Spähern angewiesen. Er wollte die Stadtmauern einstürzen lassen wie Dominosteine. Er schickte die beiden nicht, um Informationen zu sammeln. Er schickte die Späher, um Rahab herauszuholen. Sie sagten ihr: „Binde diese rote Schnur an das Fenster“, damit sie ihr Haus erkannten (Josua 2,18; GN). Und ohne zu zögern, band sie die rote Schnur ans Fenster.

Die Kundschafter entkamen und Rahab traf Vorbereitungen. Sie sagte ihrer Familie, sie sollten sich bereit machen. Sie hielt nach der herannahenden Armee Ausschau. Sie überprüfte die Schnur, um zu sehen, ob sie noch fest war und aus dem Fenster hing.

Als die Israeliten vor den Toren standen und die Stadtmauer einstürzte und alle anderen umkamen, wurde Rahab gemeinsam mit ihrer Familie gerettet. „Durch den Glauben kam die Prostituierte Rahab nicht mit den anderen Einwohnern der Stadt um“ (Hebräer 11,31; NL). Ihr Bekenntnis zum Gott Abrahams zählte mehr als ihre Bekanntheit als Hure.

Vielleicht ist Ihre Vergangenheit auch so kontrovers.

Vielleicht teilen die Menschen in Ihrem Umfeld Ihren Glauben nicht.

Vielleicht stammen Sie aus einer gewalttätigen Familie oder Ihre Vorfahren waren unangepasste Zeitgenossen.

Wenn ja, dann ist Rahab Ihr Vorbild.

Wir hängen heute keine roten Schnüre mehr ins Fenster. Aber wir vertrauen der blutroten Spur des Blutes Jesu. Wir bereiten uns nicht auf das Heranrücken der israelitischen Armee vor, aber wir halten Ausschau nach der Wiederkunft unseres Josua – Jesus Christus.

Irgendwann werden wir alle erleben, was die Leute von Asunción entdeckt haben: Aus unserem Chaos wird Musik und in Gottes himmlischem Symphonieorchester werden unzählige gerettete Rahabs spielen. Ich werde Tuba spielen. Und Sie? Was werden Sie spielen? Eines ist sicher: „Amazing Grace“ werden wir alle auswendig können.

KAPITEL 5

Packen Sie Ihre Sachen aus

JOSUA 3

Jimmy Wayne hat seinen Vater nie kennengelernt. Seine Mutter war häufiger im Gefängnis als draußen. Als er zwölf war, wurde sie aus dem Knast entlassen und ließ sich mit einem kriminellen Nichtsnutz ein. Sie packten Jimmy in ihren alten Chevy und von da an war das Auto ein Jahr lang sein Zuhause. „Es hatte eine Frontsitzbank und roch nach Schweiß", erinnert sich Jimmy. Sie fuhren von Stadt zu Stadt, immer auf der Flucht vor der Polizei.

Nachdem sie viele Meilen umhergezogen waren, setzten sie Jimmy auf dem Parkplatz am Busbahnhof in Pensacola, Florida, aus und fuhren davon. Er war damals dreizehn, hatte kein Zuhause und niemanden, der ihn versorgte. Als er eines Tages durch ein Stadtviertel ging, sah er einen älteren Herrn, der in seiner Holzwerkstatt arbeitete, die sich in einer Garage befand.

Er ging auf den älteren Herrn zu und fragte, ob er irgendeine Arbeit für ihn habe. Der Tischler sah den Jungen prüfend an, vermutete zu Recht, dass er obdachlos war, und beschloss, ihm eine Chance zu geben. Der Mann stellte sich ihm als Russell vor. Er rief seine Frau Bea zu sich in die Garage. Sie zeigten Jimmy den Rasenmäher und wie er funktionierte.

Einige Wochen lang mähte Jimmy den Rasen des Ehepaars

und konnte mit den zwanzig Dollar, die sie ihm jede Woche zahlten, sein Leben bestreiten. Nach einiger Zeit erkundigte sich Bea, wo Jimmy wohnte. Zunächst log er, weil er Angst hatte, sie würde einen Obdachlosen nicht für sich arbeiten lassen. Aber schließlich brachte sie ihn dazu, die Wahrheit zu sagen. Als er es tat, nahm das Ehepaar den Jungen bei sich auf.

Er bekam sein eigenes Zimmer mit Bad und einen festen Platz am Esstisch. Für Jimmy war das der Himmel auf Erden. Er konnte warm duschen und bekam warme Mahlzeiten. Er saß sogar im Wohnzimmer der Familie und sah gemeinsam mit ihnen fern. Aber trotz ihrer Güte weigerte Jimmy sich, seine Tasche auszupacken. Er war so oft weggeschickt worden, dass er gelernt hatte, auf der Hut zu sein. Vier Tage lang stand seine Plastiktüte, die mit Kleidung vollgepackt war, griffbereit da. Auf diese Weise konnte er sie sich jederzeit schnappen, sollten Bea und Russell es sich anders überlegen.

Er war zwar im Haus, aber nicht zu Hause. Er lebte unter ihrem Dach, aber nicht in dem Bewusstsein, dass er angenommen war. Er wohnte bei der Familie, verhielt sich aber nicht wie ein Familienmitglied.

Schließlich konnte Russell Jimmy dazu überreden, die Tasche auszupacken und wirklich einzuziehen. Es dauerte einige Tage, etwa ein Dutzend gemeinsame Mahlzeiten und mehr als ein ernsthaftes, offenes Gespräch. Aber Russell konnte Jimmy überzeugen, darauf zu vertrauen, dass sie für ihn sorgen würden.[1]

Unser himmlischer Vater versucht immer noch, uns davon zu überzeugen.

Vielleicht zweifeln Sie daran, dass Sie wirklich zu Gottes Familie gehören. Sie haben Angst, dass er Sie jederzeit zurückweisen könnte. Sie kämpfen mit Zweifeln: *Gehöre ich wirklich zu Gottes Familie? Und wenn Gott seine Meinung ändert? Wenn er mir seine Annahme plötzlich wieder entzieht? Er hat weiß Gott Grund dazu.* Wir wagen uns vor und ziehen uns wieder zurück. Wir sind entschlossen und stolpern doch wieder. Wir fragen uns: *Wird Gott mich rauswerfen?*

Ein Partner tut das. Der Arbeitgeber tut es. Trainer werfen Spieler aus der Mannschaft. Lehrer verweisen Schüler von der Schule. Eltern setzen Kinder in die Welt und dann an einem Busbahnhof wieder aus. Woher sollen wir wissen, dass Gott es nicht genauso macht? Was ist, wenn er seine Meinung ändert? Schließlich ist er rein und heilig und wir sind alles andere als das. Können wir unsere Taschen wirklich auspacken?

Diese Frage hat Gott am Kreuz ein für alle Mal beantwortet. Als Jesus starb, hat Gott sich unwiderruflich für Sie und mich entschieden. Er hat für alle klar und deutlich verkündet: „Das ist mein Kind. Ich habe einen Bund mit ihm oder ihr geschlossen und daran wird sich nie etwas ändern."

Menschen, die im verheißenen Land leben, glauben das. Sie vertrauen mehr darauf, dass Gott sie festhält, als darauf, dass sie sich an Gott festhalten. Sie setzen ihr Vertrauen auf das, was Jesus Christus für sie getan hat. Sie glauben zutiefst, dass sie „aus der Macht der Finsternis gerettet und in das Reich des geliebten Sohnes versetzt" sind (Kolosser 1,13; NL). Sie wissen, dass Jesus es ernst meinte, als er sagte: „[Meine Kinder] werden niemals umkommen. Niemand kann sie mir aus den Händen reißen" (Johannes 10,28; GN).

Sie verweisen auf Golgatha als augenscheinlichen Beweis dafür, dass Gott zu ihnen steht.

Josuas Männer taten etwas Ähnliches. Sie sahen nicht zu einem Hügel, sondern zu einem Fluss, nicht nach Golgatha, sondern auf den Jordan. Das Wunder der Flussdurchquerung zeigte ihnen, dass Gott bei ihnen war. Genau wie ihr Anführer es versprochen hatte: „Daran sollt ihr erkennen, dass ihr einen lebendigen Gott habt" (Josua 3,10; GN).

Die meiste Zeit des Jahres war der Jordan vielleicht dreißig oder vierzig Meter breit und etwa zwei Meter tief.[2] Aber Josua bekam seinen Marschbefehl zur Erntezeit (Vers 15). Zu dieser Jahreszeit war der Jordan über einen Kilometer breit und hatte durch das Schmelzwasser, das vom Berg Hermon herabkam, eine starke Strömung. Diesen reißenden Fluss zu überqueren war keine leichte Aufgabe.

Vor allem nicht mit Millionen von Menschen! „Zieh mit dem ganzen Volk über den Jordan" (Josua 1,2; GN). Gott wollte, dass jeder Mann, jede Frau, jedes Kind und jeder Säugling den Fluss überquerte – nicht nur die Mutigen und Gesunden, sondern auch die Alten und Schwachen, die Kranken und Behinderten. Niemand sollte zurückgelassen werden. Josua hätte allen Grund gehabt, bei dieser Anweisung schwer zu schlucken. Zwei Millionen Menschen sollten einen Fluss von mehr als einem Kilometer Breite überqueren!

Aber er brachte die Sache in Gang. „Am nächsten Morgen brach Josua mit dem ganzen Volk von Schittim aus auf und zog mit ihnen bis an den Jordan. Dort schlugen sie ihr Lager auf" (Josua 3,1; GN).

Das Volk schlug seine Zelte am östlichen Jordanufer auf. Drei Tage sahen die Menschen zu, wie auf den Wogen der schlammbraunen Wassermassen Trümmer und Baumstämme dahintrieben. Drei Nächte lang schliefen sie beim Geräusch des tosenden Wassers ein – oder versuchten es zumindest.

Drei Tage. Jede Menge Zeit, um jede Menge Fragen zu stellen: *Wie sollen wir da rüberkommen? Mit Booten? Wird jemand eine Brücke bauen? Werden wirklich alle rübergehen? Was ist mit den Gebrechlichen? Was ist mit den Kindern? Und wie soll überhaupt ein ganzes Volk ohne Brücke oder Boote einen Fluss überqueren, der gerade Hochwasser hat?*

Am dritten Tag bekamen sie die Antwort:

Am dritten Tag schickte Josua wieder die Aufseher durchs Lager und ließ den Befehl ausgeben: „Wenn ihr seht, dass die Priester aus dem Stamm Levi die Bundeslade des Herrn, eures Gottes, aus dem Lager tragen, dann brecht auf und zieht hinter ihr her!“ Josua 3,2–3 (GN)

Die Bundeslade war eine kleine rechteckige Kiste, die Gott in Auftrag gegeben hatte und in der drei Gegenstände lagen, die für die Hebräer von historischer Bedeutung waren: eine Tagesration Manna, Aarons Stab und die kostbaren Steintafeln, auf die Gott geschrieben hatte. Eine schwere Goldplatte, der sogenannte Gnadenthron, bildete den Deckel der Kiste. Darauf befanden sich zwei goldene Cherubim mit ausgestreckten Flügeln, die einander gegenüberstanden und auf den Deckel herabsahen. Gottes Gegenwart war zwischen den Engeln.

Als Gott die Menschen anwies: „Folgt der Bundeslade“, sagte er damit also: „Folgt mir.“

Gott ging voran. Nicht die Soldaten, nicht Josua, keine Ingenieure mit Plänen oder gut ausgerüstete Spezialtruppen. Als es Zeit wurde, das unpassierbare Wasser zu durchqueren, hatte Gott einen ganz einfachen Plan: Vertraut mir.

Und genau das tat das Volk. Nach drei Tagen kam Bewegung ins Lager der Israeliten. Eine auserwählte Gruppe von Priestern, in Weiß gekleidet, ging auf den Fluss zu. Sie trugen die Lade auf Stangen aus Akazienholz, die durch die Ringe an den Ecken gesteckt waren und auf ihren Schultern ruhten. Die Menschen kamen aus ihren Zelten und sahen in erwartungsvollem Schweigen zu, wie die Priester langsam die terrassenartige Uferböschung hinuntergingen, auf den Jordan zu. Das einzige Geräusch, das man vernahm, war das Rauschen des Wassers.

Es gab keine Anzeichen dafür, dass es versiegen würde. Als sie nur noch zehn Meter vom Ufer entfernt waren, war der Jordan immer noch ein reißender Strom. Noch sieben Meter, noch fünf, noch drei. Selbst als die Priester nur noch einen Schritt vom Wasser entfernt waren, wurde es nicht ruhiger. Sie blieben sicher einen Moment stehen. Sollten sie wirklich weitergehen? Die von Gischt gekrönten Wellen würden sie umreißen und die Lade davonschwemmen. Dann erinnerten sie sich an das, was Josua gesagt hatte: „Sobald ihr den ersten Schritt ins Wasser des Jordans getan habt, bleibt stehen!“ (Vers 8; GN).

Die Bibel verschweigt nicht, dass sie Angst hatten. „Als nun die Träger der Bundeslade das Wasser berührten …“ (Vers 15; Hfa). Die Priester „berührten“ das Wasser. Sie rannten nicht, sprangen nicht hinein und machten keinen Kopfsprung. Ganz vorsichtig streckten sie ihren großen Zeh ins Wasser. Es war nur ein winziger Schritt, aber bei Gott können auch winzige Glaubensschritte gigantische Wunder bewirken. Als sie das Wasser berührten, hörte es auf zu fließen, als hätte jemand den Haupthahn zugedreht. „Es stand wie ein Wall sehr weit flussaufwärts in der Nähe des Ortes Adam, der bei Zaretan liegt“ (Vers 16; Hfa).

Zaretan lag etwa 50 Kilometer flussaufwärts. Fünfzig Kilometer! Ich hatte mir immer vorgestellt, dass sich der Fluss direkt neben den Priestern mit der Bundeslade zu einer Wasserwand aufstaute. Aber nein. Gott begann sein Werk flussaufwärts. Er wollte einen breiten Weg schaffen, auf dem zwei Millionen Menschen auf einmal den Fluss überqueren konnten.

Und wie sie ihn überquerten! „So konnte das ganze Volk trockenen Fußes bei Jericho durch den Jordan gehen. Die Priester aber blieben mit der Bundeslade im Flussbett stehen, bis alle sicher auf der anderen Seite angekommen waren“ (Verse 16–17; GN).

„So konnte *das ganze Volk* trockenen Fußes … durch den Jordan gehen.“ Die Männer, die Frauen, die Alten, die Jungen, die Schwachen, die Energischen, die voll Glauben und die mit den Zweifeln. Die Treuen und die Murrenden.

„So konnte das ganze Volk *trockenen Fußes* … durch den Jordan gehen.“ Es hätte auch Asphalt sein können. Kein Wagenrad blieb stecken. Kein Fuß wurde feucht. Als das Volk am westlichen Ufer stand, hatten die Menschen keinen Schlamm an den Sandalen, keine Wasserspritzer an den Kleidern und vor allem hatten sie keine Angst mehr.

Gott tat für sie das, was sie selbst nicht tun konnten. Stellen Sie sich vor, wie es zugegangen sein muss, als das Volk Israel am westlichen Ufer stand. Alle klatschten sich ab und riefen vor Begeisterung: „Donnerwetter!“

Und wie sie vor Zuversicht strotzten! Und fassungslos über ihren Gott staunten! Wenn Gott aus einem reißenden Fluss einen ausgerollten roten Teppich machen konnte, dann hieß es: „Jericho, wir kommen!“ Wie Josua ihnen gesagt hatte: „Daran sollt ihr erkennen, dass ihr einen lebendigen Gott habt“ (Verse 10–13; GN). Die Israeliten wussten, dass sie gar nicht verlieren konnten! Das Ganze war wie ein Radrennen bergab mit Rückenwind. Sie hatten allen Grund zu feiern.

Und wir auch.

Josuas Landsleute hatten diese Gewissheit, als sie auf trockenem Boden standen und auf den Jordan zurückschauten.

Wir haben die Gewissheit, wenn wir uns gewissermaßen auf das vollbrachte Werk von Jesus stellen und auf das Kreuz schauen.

Gab es einen Fluss, den wir nicht überqueren konnten? Jesus hat ihn überquert. Waren da Wellen, denen wir nicht standhalten konnten? Jesus hielt stand. Für uns alle! Ob jung, alt, mutig oder ängstlich. Wir sind wirklich frei!

Genau wie das Volk Israel wurden auch wir auf dramatische Weise befreit.

Aber sind wir auch zutiefst davon überzeugt?

Bedenken Sie, dass die Israeliten das verheißene Land schon vierzig Jahre früher hätten einnehmen können. Die vorangegangene Generation hatte ein ebenso großartiges Wunder erlebt. Sie hatten das Rote Meer durchquert (2. Mose 14,21–22). Bei beiden Ereignissen gab es große Wassermassen und eine Überquerung auf trockenem Boden. Was war der Unterschied zwischen der ersten und der zweiten Überquerung? Josuas Generation schenkte dem, was da geschah, wirklich Aufmerksamkeit. Die Überquerung des Jordans überzeugte sie davon, dass Gott mit ihnen war.

Lassen Sie sich vom Kreuz überzeugen. Vertrauen Sie Gottes Treue ein für alle Mal. Einer der Psalmisten beschreibt einen gläubigen Menschen folgendermaßen: „Er fürchtet sich nicht vor schlechter Nachricht, sondern vertraut fest darauf, dass der Herr für ihn sorgt" (Psalm 112,7; NL). Es gibt viele Fragen, auf die wir in diesem Leben nie eine Antwort bekommen werden, aber Gottes Fähigkeit, uns zu retten, gehört nicht dazu. Klären Sie diese Frage ein für alle Mal.

Schauen Sie sich doch einmal an. Sie haben keinen Schlamm an den Sandalen, keine Wasserspritzer an den Kleidern. Sie haben keine Vergehen in Ihrer Akte und keine Schuld auf Ihrem Namen. Lassen Sie keinen Zweifel daran zu. Wenn Gott „seinen eigenen Sohn nicht verschont, sondern … ihn für uns alle in den Tod gegeben [hat]" (Römer 8,32; GN), wird er Ihnen dann nicht auch alles geben, was Sie brauchen, um im verheißenen Land zu leben?

Stimmen Sie ein in das Lied der Zuversichtlichen und verkünden Sie: „Ich bin ganz sicher, dass nichts uns von seiner Liebe trennen kann … Nichts in der ganzen Welt kann uns jemals trennen von der Liebe Gottes, die uns verbürgt ist in Jesus Christus, unserem Herrn" (Verse 38–39).

Sie dürfen innerlich zur Ruhe kommen, denn Jesus hat Sie ein für alle Mal erlöst. Die Vergangenheit ist Geschichte. Die Zukunft sieht rosig aus. Auf Gottes Wort ist Verlass. Sein Werk ist vollendet. Sie sind Gottes Bündnispartner, ein vollwertiges Mitglied seiner Organisation zur Erschließung des verheißenen Landes.

Der Jordan liegt hinter Ihnen.

Kanaan liegt vor Ihnen.

Eine neue Zeit bricht für Sie an.

Auch für Jimmy Wayne brach eine neue Zeit an. Er fand seinen Platz in der Familie. Er ging zur Schule und begann eine Karriere als Sänger und Songwriter.

Die beste Zeit seines Lebens begann, als er seine Sachen auspackte.

Packen auch Sie aus!

KAPITEL 6

Denken Sie daran, sich zu erinnern

JOSUA 4,1–5,12

Für ein Buch über Eroberungen geht das Buch Josua ziemlich sparsam mit militärischen Details um. Welche Bewaffnung hatte Josuas Armee? Wie viele Offiziere hatte er? Wie viele Männer waren in einem Bataillon? Hatte Josua auch Elite-Einheiten? Wenn ja, welche Voraussetzungen musste man dafür mitbringen? Was ist die Antwort auf diese Fragen?

Wir wissen es nicht.

Wir wissen es nicht, weil das Augenmerk hier nicht auf dem physischen, sondern dem geistlichen Kampf liegt. Den eigentlichen Kampf fochten die Israeliten nicht gegen die Kanaaniter oder Amoriter aus, sondern gegen Satan und seine Dämonen.

Kanaan war das beste Stück Land auf Erden. Es verband das, was wir heute als Afrika und Europa kennen. Es bot einen Zugang zum heutigen Mittelmeer. Es gab fruchtbare Felder und Täler. Aber das Wichtigste war, dass es Gottes Geschenk an das Volk Israel war. Fast siebenhundert Jahre zuvor hatte Gott Abram versprochen: „Deinen Nachkommen will ich dieses Land geben!“ (1. Mose 12,7; GN).

Gott hatte dieses Land für sein Volk ausgewählt und sein Volk, um ein Segen für die ganze Welt zu sein. Gott hatte Abram versprochen: „Ich werde dich zu einem großen Volk machen, dich segnen und deinen Namen groß machen. Ein Segen sollst du sein" (1. Mose 12,2; EÜ). Die Israeliten waren die Boten, durch die Gottes Bund zu einer Galaxie voller Menschen ausging. Israel war das Pergament, auf dem Gottes Erlösungsplan geschrieben wurde. Jerusalem. Bethlehem. Die Opfer im Tempel. Die Prophetien des Alten Testaments. Alles geschah in diesem Land.

Der Erlöser sollte dort geboren werden, dort umherziehen und leben. Er sollte diesen Boden mit seinem Blut tränken und ihn durch seine Auferstehung erschüttern. Im Buch Josua geht es nicht darum, dass ein heimatloses Volk Grund und Boden bekommt. Es geht darum, die Bühne für Gottes Erlösungsplan zu bereiten.

Satans Gegenstrategie war einfach: das verheißene Land vergiften und dem verheißenen Kind zuvorkommen. Gottes Volk und sein Werk zu zerstören.

Der Kampf, den Josua führte, war also ein geistlicher Kampf.

Genau wie unserer.

Denn wir kämpfen nicht gegen Menschen aus Fleisch und Blut, sondern gegen die bösen Mächte und Gewalten der unsichtbaren Welt, gegen jene Mächte der Finsternis, die diese Welt beherrschen, und gegen die bösen Geister in der Himmelswelt. Bedient euch der ganzen Waffenrüstung Gottes. Wenn es dann so weit ist, werdet ihr dem Bösen widerstehen können und noch aufrecht stehen, wenn ihr den Kampf gewonnen habt. Sorgt dafür, dass ihr fest steht, indem ihr euch mit dem Gürtel der Wahrheit und dem Panzer der Gerechtigkeit Gottes umgebt. Eure Füße sollen für die gute Botschaft eintreten, die den Frieden mit Gott verkündet. Setzt den

Glauben als einen Schutzschild ein, um die feurigen Pfeile des Satans abzuwehren. Epheser 6,12–16 (NL)

Viele Menschen finden die Vorstellung, dass es den Teufel wirklich geben könnte, seltsam und antiquiert. Wir neigen heutzutage eher dazu, Schwierigkeiten und Probleme auf die Veranlagung, die Regierung oder das Umfeld zu schieben. Aber die Bibel berichtet von einem wirklich existierenden Feind unseres Glaubens. Sein Name ist Satan. Manche nennen ihn auch den Teufel. Andere sagen Beelzebub, Belial, der Verhinderer, der Verführer, der Böse, der Ankläger, der Fürst der Dämonen, der Herrscher dieser Welt oder der Fürst über die Mächte der Lüfte. Ganz gleich, welchen Namen Sie verwenden: Er ist unser Feind und er ist real.

Er ist keine niedliche, harmlose Comic-Figur. Er ist nicht der fiktive finstere Gegenspieler des Osterhasen. Er ist der unsichtbare, aber mächtige gefallene Engel namens Luzifer, der es auf den Thron abgesehen hatte, den nur Gott innehaben kann. Er war ungehorsam und rebellierte und will, dass Sie und ich das auch tun. „Euer Feind, der Teufel, schleicht um die Herde wie ein hungriger Löwe. Er wartet nur darauf, dass er jemand von euch verschlingen kann“ (1. Petrus 5,8; GN).

Jeder, der es gewagt hat, Gottes Nähe zu suchen, hat Satans Angriffe zu spüren bekommen.

Kennen Sie sein Vorstrafenregister?

„Der Satan wollte Israel ins Unglück stürzen. Deshalb verführte er David“ (1. Chronik 21,1; GN).

„Simon, Simon! Der Satan ist hinter euch her“ (Lukas 22,31; Hfa).

„Der Teufel hatte Judas, den Sohn von Simon Iskariot, schon zum Verrat an Jesus verführt“ (Johannes 13,2; Hfa).

„Aber diese Frau hier […] achtzehn Jahre lang hielt sie der Satan gebunden“ (Lukas 13,16; GN).

„Der Satan […] hat sie mit Blindheit geschlagen, sodass sie der Guten Nachricht nicht glauben“ (2. Korinther 4,4; GN).

„Ihr […] wart dem Satan verfallen, der seine Macht ausübt zwischen Himmel und Erde. Sein böser Geist beherrscht auch heute noch das Leben aller Menschen, die Gott nicht gehorchen“ (Epheser 2,2; Hfa).

Satan verführt, ist hinter uns her, bindet, schlägt mit Blindheit, beherrscht.

Er verfolgt nur ein einziges Ziel: „zu stehlen, zu schlachten und zu vernichten“ (Johannes 10,10; Hfa).

Er ist stinksauer auf Sie. Das ganze Gerede von glorreichen Zeiten und einem Leben im verheißenen Land vermiest ihm die Laune. Ihre Zeit in der Wüste hat ihm keine Sorgen bereitet. Aber jetzt betreten Sie das verheißene Land. Sie wagen es, ein Leben zu führen, das vom Glauben bestimmt wird und nicht von Angst. Sie schenken der Gnade Glauben und nicht den Schuldgefühlen. Sie hören mehr auf Gottes und weniger auf Satans Stimme.

Deshalb hat Satan Sie im Visier. Sie befinden sich auf feindlichem Gebiet.

Genau wie Josua. Zum ersten Mal seit fast 500 Jahren lagerten die Israeliten wieder in Kanaan. Das war der Augenblick, auf den sie gewartet hatten. Wie oft schon hatten sie sehnsüchtig über den Jordan auf dieses grüne Land geschaut? Manche von ihnen, so wie Josua und Kaleb, hatten vierzig Jahre darauf gewartet! Als Gott das Wasser des Jordans teilte und ihnen den Weg frei machte, ließen sie sich das nicht zweimal sagen. „Diese Krieger – etwa 40 000 – zogen in der Gegenwart des Herrn durch den Fluss in Richtung der Ebene von Jericho zum Kampf" (Josua 4,13; NL). Sie rannten schreiend, grölend und jubelnd hinüber. Hätte Gott sie nicht zurückgehalten, wären sie direkt nach Jericho gerannt.

Aber Gott hielt sie zurück. Sie waren noch nicht so weit. Es scheint, als wollte er ihnen noch eine letzte Anweisung geben.

Ich stelle mir vor, wie eine Mutter ihr Kind zum ersten Mal in die Schule schickt. Der Ranzen ist voll. Sie haben gefrühstückt. Der Schulbus wartet. Der Kleine kann es kaum erwarten hinauszulaufen. Aber Mama hält ihn an der Tür noch einmal zurück. Sie beugt sich auf Augenhöhe zu ihm hinunter und sagt: „Denk an das, was ich dir beigebracht habe. Denk daran, wer du bist. Denk daran, zu wem du gehörst."

Genau das tat Gott auch. Er hielt die Invasion noch einmal auf und bereitete die Israeliten mit zwei Geboten auf das verheißene Land vor.

Nachdem das ganze Volk den Fluss überquert hatte, sagte der Herr zu Josua: „Wähle zwölf Männer, einen aus jedem Stamm. Lass sie von dort, wo die Priester stehen, zwölf Steine aus dem Flussbett holen und an dem Ort aufstellen, an dem ihr heute Nacht lagern werdet." Josua 4,1–3 (NL)

Josua befahl einem Dutzend Männer – einem aus jedem Stamm – ins Flussbett zurückzukehren. Von der Stelle, an der die Priester gestanden hatten, entfernten die Männer zwölf

Steine. Während die Menschen zusahen und die Wassermassen weiterflossen, stapelte Josua die Steine auf. Als der zwölfte Stein sicher obendrauf lag, kam er zum Volk zurück und mahnte es: „Wenn später eure Kinder fragen, was diese Steine bedeuten, dann erzählt ihnen, wie das Volk Israel den Jordan trockenen Fußes durchquert hat. Der Herr, euer Gott, hat das Wasser des Jordans vor euch austrocknen lassen, bis ihr hindurchgezogen wart, genauso wie er das Schilfmeer vor uns austrocknen ließ, damit wir hindurchziehen konnten" (Verse 21–23; GN).

Wie man auf feindlichem Gebiet überlebt?

Erinnern Sie sich an das, was Gott schon getan hat. Schreiben Sie seine Taten in Ihr Tagebuch. Halten Sie die Durchquerung des Flusses in Ihrer Erinnerung fest. Schauen Sie zurück auf den Jordan und auf das, was Gott dort getan hat, bevor Sie nach vorn, auf Jericho, schauen.

Vor einigen Jahren hat meine Tochter Andrea mich an diese Wahrheit erinnert. Als ich sie eines Morgens in die Schule fuhr, bemerkte sie, dass ich angespannt war.

„Warum bist du so schweigsam, Papa?"

Ich erzählte ihr, dass ich mir Sorgen um den Abgabetermin eines Buches machte.

Kinder wissen oft nicht ganz genau, was ihr Vater beruflich macht, deshalb fragte sie: „Hast du nicht schon andere Bücher geschrieben?"

„Ja."

„Wie viele?"

Damals waren es fünfzehn gewesen.

„Hast du schon jemals einen Termin nicht einhalten können?"

„Nein."

„Also hat Gott dir schon fünfzehn Mal geholfen?"

„Ja."

„Er hat dir jedes Mal geholfen?"

Ich zuckte zusammen. Sie klang wie ihre Mutter.

„Wenn er dir schon fünfzehn Mal geholfen hat, meinst du nicht, er wird dir auch dieses Mal helfen?"

Mit anderen Worten: *Stapel die Steine aufeinander, Papa.*

Satan kann Ihr persönliches Zeugnis nicht mehr ändern. Ihre beste Waffe gegen seine Angriffe ist also ein gutes Gedächtnis.

Auf, mein Herz … vergiss nie, was er für mich getan hat!
Meine ganze Schuld hat er mir vergeben,
von aller Krankheit hat er mich geheilt,
dem Grab hat er mich entrissen,
hat mich mit Güte und Erbarmen überschüttet.
Mit guten Gaben erhält er mein Leben,
täglich erneuert er meine Kraft und ich bleibe jung und stark wie ein Adler.
Der Herr greift ein mit heilvollen Taten,
den Unterdrückten verschafft er Recht.
Psalm 103,2–6 (GN)

Richten Sie in Ihrem Herzen einen Raum für Siegespokale ein. Stellen Sie jedes Mal, wenn Sie einen Sieg erringen, die Erinnerung daran dort ins Regal. Und wenn Sie sich einer Herausforderung gegenübersehen, dann gehen Sie doch einmal schnell durch diesen Raum, und betrachten Sie Gottes Taten. Schauen Sie auf all die Löhne und Gehälter, für die er gesorgt, all den

Segen, den er geschenkt, und all die Gebete, die er erhört hat. Machen Sie es wie der Hirtenjunge David. Bevor er gegen den Riesen Goliath antrat, erinnerte er sich daran, wie Gott ihm geholfen hatte, den Löwen und den Bären zu besiegen (1. Samuel 17,34–36). Er stellte sich seiner Zukunft, indem er sich die Vergangenheit in Erinnerung rief. Ziehen Sie nicht nach Jericho, bevor Sie sich an die Ereignisse am Jordan erinnert haben.

Ich stelle mir vor, wie ein ungeduldiger Soldat jetzt sagt: „Na gut. Wir haben die Steine aufgestellt und die Erinnerung festgehalten. Können wir jetzt endlich angreifen?"

Noch nicht. Gott gab den Israeliten eine weitere Anweisung, bevor er sie in den Kampf schickte: *Denkt daran, zu wem ihr gehört.*

Zu dieser Zeit sprach der Herr zu Josua: „Mache dir steinerne Messer und beschneide die Israeliten wie schon früher." Josua 5,2 (LÜ)

Sechshundert Jahre zuvor hatte Gott das Ritual der Beschneidung bei den Männern des Volkes eingeführt. „[Die Beschneidung] soll das Zeichen dafür sein, dass ich meinen Bund mit euch geschlossen habe", hatte Gott zu Abraham gesagt (1. Mose 17,11; GN). Acht Tage nach der Geburt sollte jeder Junge symbolisch ausgesondert werden, indem das männliche Geschlechtsorgan verändert wurde. Er war dann nicht mehr wie die Heiden, die Gott nicht kannten. Er war ein Kind des Bundes. Er gehörte zu Gott.

Während der Wüstenwanderung hatten die Israeliten diese Praxis schleifen lassen. Der Grund ist klar: wegen ihrer verhärteten Herzen ignorierte das Volk die Anweisung.

In dieser Situation wären sie vielleicht versucht gewesen, sich wieder darüber hinwegzusetzen. Schließlich setzte der Eingriff die Männer für einige Zeit außer Gefecht. Ihre Frauen und Kinder wären dann ungeschützt. Feindliche Völker beobachteten sie auf Schritt und Tritt. Sollten die Männer da nicht im Vollbesitz ihrer Kräfte sein, damit sie kämpfen konnten?

Aber Gott interessierte ihre Anzahl, ihre Fähigkeiten oder ihre Muskelkraft nicht. Er wollte, dass sie nicht vergaßen, zu wem sie gehörten. Gott hatte „die Schande Ägyptens von [ihnen] abgewälzt" (Josua 5,9; LÜ). Die „Schande Ägyptens" war die Demütigung der Sklaverei, durch die sie den Beleidigungen und der Verachtung durch andere Völker ausgesetzt gewesen waren. Es wurde Zeit, dass sie neu ihr Geburtsrecht als Gottes auserwähltes Volk in Anspruch nahmen.

Die Beschneidung stand auch symbolisch für die Loslösung von der Vergangenheit. Sie stand für eine neue Identität. „Ihr seid nicht mehr die, die ihr mal wart, ihr seid mein Volk." Keine Sklaven mehr, sondern frei. Nicht mehr gefangen, sondern befreit.

Das war Gottes Botschaft an die Israeliten: *Denkt daran, zu wem ihr gehört.*

Und seine Botschaft an uns? *Denkt daran, wem ihr gehört.*

In gewissem Sinne sind alle Gläubigen beschnitten. Das ist vielleicht neu für Sie. „Durch eure Zugehörigkeit zu Christus wurdet ihr beschnitten, aber nicht durch einen äußerlichen Eingriff. Eure Beschneidung kam durch Christus, und damit wurdet ihr von eurem alten Wesen abgetrennt" (Kolosser 2,11; NL).

Jesus hat das alte Leben abgeschnitten. Er hat die Macht, die

Sünde und Tod über Sie hatten, durchtrennt. Was ist mit den alten Versuchungen, Gelüsten und Sehnsüchten? Als Sie ihm Ihr Leben anvertraut haben, hat er Sie aus ihrem Machtbereich herausgenommen. Man kann es gar nicht oft oder deutlich genug sagen: Sie sind nicht mehr der Mensch, der Sie einmal waren. Ihr früheres Ich existiert nicht mehr. Das alte Leben ist entmachtet. Als Christus starb, sind auch Sie gestorben. Als Christus begraben wurde, wurden auch Sie begraben. Als Christus von den Toten auferstand, sind Sie mit ihm auferstanden. Sie sind ein neuer Mensch. Sie können „den ganzen alten Menschen [ablegen]" und den „neuen Menschen [anziehen]" (Epheser 4,22.24; GN). Wer ist Ihr neuer Mensch?

Gut, dass Sie gefragt haben.

Sie …

… sind Gottes Kind (Johannes 1,12),

… sind der Freund von Jesus (Johannes 15,15),

… sind ein Glied am Leib Jesu (1. Korinther 12,17),

… sind ein Heiliger (Epheser 1,1),

… sind erlöst und frei von Schuld (Kolosser 1,14),

… sind mit Gottes Heiligkeit erfüllt, weil sie zu Christus gehören (Kolosser 2,10),

… werden nicht länger verurteilt (Römer 8,1–2),

… sind Gottes Mitarbeiter (2. Korinther 6,1),

… haben schon jetzt einen Platz im Himmel (Epheser 2,6),

… sind Gottes Meisterstück (Epheser 2,10),

… sind ein Bürger des Himmels (Philipper 3,20),

… sind in Gottes Familie hineinadoptiert (Epheser 1,5),

… ein Kind Gottes, weshalb der Teufel Ihnen nicht schaden kann (1. Johannes 5,18).

Machen Sie sich mit Ihrer neuen Identität vertraut. „So sollt auch ihr euch als Menschen begreifen, die für die Sünde tot sind, aber für Gott leben in Christus Jesus" (Römer 6,11; EÜ). Wenn der Teufel kommt, dann stellen Sie sich ihm entgegen. „Was willst du hier? Für dich bin ich tot!" Geben Sie nicht nach. Glauben Sie seinen Lügen nicht. Fallen Sie nicht auf seine Anschuldigungen herein. Ducken Sie sich nicht vor seinen Angriffen. Wenn er die Fehler aus Ihrer Vergangenheit hervorkramt, dann sagen Sie ihm, zu wem Sie jetzt gehören. Dieser Wahrheit hat er nichts entgegenzusetzen. Er weiß, zu wem Sie gehören. Er hofft nur, dass Sie es nicht wissen oder es vergessen haben. Beweisen Sie ihm, dass Sie es wissen und sich daran erinnern. Sagen Sie ihm:

„Ich bin um einen teuren Preis erkauft worden. Ich gehöre Gott" (1. Korinther 6,20).

„Ich habe nicht den Geist der Furcht bekommen, sondern den Geist der Kraft, Liebe und Besonnenheit" (2. Timotheus 1,7).

„Nichts kann mich von der Liebe Gottes trennen" (Römer 8,38).

„Ich werde immer Erbarmen und Gnade finden, wenn ich Hilfe brauche" (Hebräer 4,16).

„Ich kann alles durch Christus, der mir Kraft schenkt" (Philipper 4,13).

Die Bewohner des verheißenen Landes denken so. Sie gehen ehrfürchtig, aber aufrecht und mit erhobenem Haupt durchs Leben. Aus diesem Vermächtnis heraus leben sie. Sie halten dem Teufel ihren geistlichen Ausweis mit dem neuen Namen unter die Nase.

Sie sind geistlich beschnitten. Ich weiß, dass dieser Begriff schrecklich hölzern und unfein klingt, aber es ist ein biblisches Prinzip. Sie sind eine neue Schöpfung. „Denn der Geist Gottes, der in euch wirkt, ist stärker als der Geist der Lüge, von dem die Welt beherrscht wird" (1. Johannes 4,4; Hfa).

Was ist also das Geheimnis, wie man auf feindlichem Gebiet überlebt? Erinnern Sie sich! Erinnern Sie sich an das, was Gott getan hat. Erinnern Sie sich daran, zu wem Sie gehören.

Die Israeliten taten, was Gott ihnen aufgetragen hatte – und Gott beschützte sie.

Alle Könige der Amoriter westlich des Jordans und alle Könige der Kanaaniter an der Küste des Mittelmeeres hörten davon, wie der Herr den Jordan austrocknen ließ … Da packte sie die Angst vor den Israeliten und sie verloren allen Mut. Josua 5,1 (GN)

Hingabe sorgte für göttlichen Schutz.

Treten Sie Satan nicht gegenüber, indem Sie ihm in die Augen sehen. Treten Sie Satan gegenüber, indem Sie Gott anschauen.

Beschäftigen Sie sich nicht zu sehr mit dem Teufel. Man muss kein Fachmann in höllischer Hierarchie sein. Man muss auch nicht das Rätsel der Mächte der Finsternis lösen. Widmen Sie dem alten Gauner nicht unnötig viel Zeit. Werfen Sie einen kurzen Blick auf Satan, doch bestaunen Sie Jesus.

Ja, da draußen herrscht Krieg. Aber die Schlacht ist schon gewonnen. „Auf diese Weise wurden die finsteren dämonischen Mächte entmachtet und in ihrer Ohnmacht bloßgestellt, als Christus über sie am Kreuz triumphierte" (Kolosser 2,15; Hfa).

Satan ist ein gefallener Engel, dessen Zeit begrenzt ist.

Lassen Sie ihn nicht an ihren glorreichen Zeiten herumpfuschen. Stellen Sie ihn kalt.

Denken Sie daran, was Gott schon getan hat. Stellen Sie sich der Zukunft, indem Sie sich an die Vergangenheit erinnern.

Denken Sie daran, zu wem Sie gehören. Sie sind nicht mehr die Person, die Sie einmal waren. Sie sind Gottes Kind.

Erst dann sind Sie bereit, gegen Jericho zu ziehen.

KAPITEL 7

Halten Sie sich an Ihren Anführer

JOSUA 5,13–15

Joy Veron war ganz allein in ihrem Krankenhauszimmer. Allein mit ihren Ängsten, ihren Schmerzen und mit der Erinnerung daran, wie das Auto über ihren Körper gerollt war. Ihr Urlaub in den Bergen Colorados endete in einer Tragödie, als der Gang ihres geparkten Wagens heraussprang und dieser auf ein tiefes Tal zurollte. Im Auto saßen ihre drei Kinder. Joy hatte sich mit ihren Eltern ein Wochenendhäuschen angesehen, das ihre Eltern vielleicht kaufen wollten. Als sie sahen, dass das Auto sich in Bewegung setzte, rannten alle drei los, um es aufzuhalten. Joy erreichte den Wagen als Erste. Aus Angst, sie hätte nicht mehr genug Zeit, um die Wagentür zu öffnen, stellte sie sich vor das Auto. Das bremste dieses so weit ab, dass ihr Vater auf der Beifahrerseite einsteigen und den Wagen zum Stehen bringen konnte. Das war im Oktober 1999 gewesen. Ihre Kinder erinnern sich noch heute an ihren Gesichtsausdruck, als der Wagen ihre Mutter unter sich begrub.

Joy erlitt eine Rückenfraktur und schwere innere Verletzungen.

Sie wurde mit dem Hubschrauber in eine Klinik in Farmington, New Mexiko, gebracht. Ihr Zustand war so kritisch, dass die Ärzte zwölf Tage warteten, bevor sie operierten. Nach der

Operation bekam sie hohes Fieber. Die Ärzte mühten sich vergeblich ab, das Fieber unter Kontrolle zu bekommen. Sieben Tage lang kämpfte sie gegen das Fieber an – und gegen ihre Ängste. Sie hatte Angst zu sterben. Dann hatte sie Angst, querschnittsgelähmt zu sein. Die Ärzte versuchten, sie zu trösten, aber sie fand keinen Trost. Joy flehte ihre Mutter an, ihr zu helfen. Ihre Mutter, die die ganze Zeit an ihrem Bett geblieben war, ging hinaus, um Freunde anzurufen und um Gebetsunterstützung zu bitten.

„Ich bin gleich wieder da", sagte sie zu ihrer Tochter.

Joy war ganz allein. Aber nicht lange. Wenig später betrat ein Mann das Zimmer. Joy kannte ihn nicht. Bei ihren Pflegekräften handelte es sich auf ihre Bitte hin ausschließlich um Krankenschwestern. Wenn der Mann ein Arzt war, so war er keiner von ihren Ärzten. Er hatte eine auffallende Erscheinung, war hochgewachsen und ganz in Weiß gekleidet. Er hatte ausgeprägte Wangenknochen und langes, silbernes Haar mit Mittelscheitel und einem Pferdeschwanz im Nacken. Und seine Augen … oh, seine Augen! Noch vierzehn Jahre später leuchteten Joys Augen auf, als sie sie mir beschrieb. „Sie waren ganz klar und strahlend blau", sagte sie lächelnd. „Ich habe noch nie so wunderschöne Augen gesehen."

Der Besucher trat an ihr Bett, nahm ihre Krankenakte und blätterte beiläufig darin herum. Aber Joy hatte den Eindruck, dass er nicht wirklich las, was dort stand. Nach einigen Augenblicken sagte er mit besänftigender Stimme zu ihr: „Joy, du wirst wieder gesund. Du wirst das durchstehen."

Er sah sie an, und dann war er genauso schnell wieder verschwunden, wie er gekommen war.

Joy glaubte ihm sofort. „Wenn ein Arzt, eine Schwester oder jemand aus meiner Familie das gesagt hätte, hätte ich es nicht geglaubt. Aber als dieser Fremde mit mir sprach, war in meinem Inneren diese Gewissheit. Er kannte mich. Und ich glaubte ihm. Ich wusste, dass ich wieder gesund werden würde."

Als Joy ihrer Mutter kurz darauf von dem Besucher erzählte, rannte diese auf den Gang hinaus, sah aber niemanden, auf den die Beschreibung zutraf. Sie beschrieb ihn dem Personal, doch niemand wusste, wer er war. Sie durchsuchten das Krankenhaus, konnten ihn aber nicht finden.

Joy weiß, warum. Sie glaubt, dass dieser Besucher nur für sie vom Himmel geschickt worden war. Sie bewahrt die Worte, die er zu ihr sprach, in ihrem Herzen. Die Jahre danach brachten Schmerzen, Probleme und ein Leben im Rollstuhl mit sich. Joy klammerte sich oft an die Erinnerung an den Besucher mit den blauen Augen, um Kraft zu schöpfen.

„Du wirst wieder gesund. Du wirst das durchstehen."

Und das hat sie auch.[1]

Wer war dieser Besucher? Woher war er gekommen? Hatte Gott einen Boten geschickt, um ihr Hoffnung zu schenken?

Josua könnte bei dieser Angelegenheit mitreden. Seine Geschichte ist der von Joy gar nicht so unähnlich – eine göttliche Begegnung in einer finsteren, schwierigen Zeit. Er lag zwar nicht allein im Krankenhaus, aber er stand allein vor einer Herausforderung. „Als Josua in der Nähe von Jericho war …" (Josua 5,13; NL).

Bei David war es Goliath. Bei Elia war es Isebel. Bei Johannes das Römische Weltreich. Und bei Josua waren es die Bewohner dieser befestigten Stadt. Diese erhob sich riesenhaft über die dürre Ebene am Nordende des Toten Meeres. Die steinernen Häuser waren von mehreren Stadtmauern umgeben.[2] Die äußere Mauer war gut zwei Meter breit und fünf Meter hoch. Oberhalb dieser Mauer stand eine zweite Mauer, die zweieinhalb Meter hoch war. Auf der Nordseite befand sich eine Zitadelle. Auf der östlichen Seite der Stadt stand als natürliche Barriere ein dichter Palmenwald, der fast dreizehn Kilometer lang und etwa fünf Kilometer breit war. Die westliche Seite war durch steile Hänge geschützt.[3]

Hohe Mauern, geschützte Flanken. Josua und seine Soldaten hatten sich noch nie einer solchen Herausforderung gegenübergesehen. Sie hatten in der Wüste gekämpft, aber immer auf offenem Gelände und vertrautem Terrain. Noch nie zuvor hatten sie gegen eine befestigte Stadt gekämpft. Sie waren noch nie hier gewesen.

Vielleicht geht es Ihnen auch so.

Vielleicht stehen Sie vor einer Herausforderung, die so ganz anders ist als alle bisherigen. Sie erhebt sich vor Ihnen am Horizont wie ein wütendes Jericho. Einschüchternd und stark. Sie nimmt Ihre Gedanken völlig in Beschlag und raubt Ihnen jede Kraft. Sie weckt Sie nachts auf und bringt Sie um den Schlaf. Sie ist langlebig, hat dicke Mauern und ist uneinnehmbar. Es ist die größte Herausforderung Ihres Lebens.

Sie steht zwischen Ihnen und dem Leben im verheißenen Land.

Sie sehen sie – genau wie Josua.

Sie müssen sich ihr stellen – genau wie Josua.

Und genau wie Josua müssen Sie sich Ihrem Jericho nicht allein stellen.

Als Josua in der Nähe von Jericho war, sah er plötzlich einen Mann, der ihm mit gezücktem Schwert in der Hand gegenüberstand. Josua ging auf ihn zu und fragte: „Gehörst du zu uns oder zu unseren Feinden?"

„Weder noch", antwortete er. „Ich bin der Anführer der Heerscharen des Herrn und bin eben eingetroffen." Da warf sich Josua voller Ehrfurcht vor ihm nieder. „Welche Befehle hast du für mich, deinen Diener?", fragte er.

Der Heerführer des Herrn antwortete: „Zieh deine Sandalen aus, denn du stehst auf heiligem Boden." Da gehorchte Josua. Josua 5,13–15 (NL)

Göttliche Verlautbarungen scheinen immer dem gleichen Schema zu folgen – nämlich keinem. Bei Abram kamen drei Fremde zum Abendessen. (Ob es wohl Götterspeise zum Nachtisch gab?) Bei Mose war es ein lodernder Dornbusch, durch den er völlig von den Socken oder besser von den Sandalen war. Bileams Aufmerksamkeit bekam Gott durch eine sprechende Eselin. Ein Engel in Lichtgestalt bewachte das leere Grab von Jesus.

Die Bibel enthält viele überraschende Begegnungen. Aber keine davon ist so mysteriös wie diese: ein Mann mit gezücktem Schwert und souveränem Auftreten.

Wer war er? Wollen wir einmal einige Möglichkeiten ausschließen.

Er war kein Gespenst. Es gibt keinerlei Hinweise in der Wortwahl, die darauf deuten, dass dieser Mann nicht aus Fleisch und Blut war. Er hatte Muskeln, die das Schwert hielten, Stimmbänder, mit denen er sprach. Es war keine Vision, kein Geist oder ein Hirngespinst von Josua.

Aber er war auch kein Engel. Wir neigen dazu, das zu denken. Immerhin haben Engel Schwerter. Engel können körperliche Gestalt annehmen. Engel sind mutig und bieten dem Feind die Stirn. Aber einen Unterschied gibt es: Engel lassen sich nicht anbeten. Als der Apostel Johannes einen Engel anbeten wollte, wies der ihn zurecht: „Tu das nicht! Ich bin nur ein Diener wie du und wie deine Brüder und Schwestern, die festhalten an dem, wofür Jesus als Zeuge einsteht. Bete Gott an!" (Offenbarung 19,10; GN). Wäre diese Person ein Engel gewesen, hätte der Josuas Anbetung zurückgewiesen. Aber dieser Besucher nahm die Anbetung an und ermutigte ihn sogar noch dazu.

War der Gast ein Mensch? Eine starke, imposante Persönlichkeit? Falls er das war, dann hat er Josua richtig reingelegt, denn Josua fiel nicht nur anbetend vor ihm nieder, sondern zog auch noch die Sandalen aus.

Der Gast war also kein Sterblicher und auch kein Engel oder eine Erscheinung. Dann bleibt nur noch eine Möglichkeit: Es war der menschgewordene Gott. Es war Jesus Christus. Was Jesus in Bethlehem für uns getan hat, hat er bei Jericho für Josua getan. Er nahm Menschengestalt an und kam zu seinem Diener. Der himmlische Heerführer sprach zu seinem irdischen Heerführer.

Kommt Ihnen dieser Gedanke seltsam vor? Dass Jesus auftaucht, bevor er überhaupt geboren wurde? Fällt es Ihnen schwer, sich Jesus vor seiner Geburt als Handelnden auf dieser Erde vorzustellen? Wenn ja, dann will ich Sie herausfordern, ein wenig Ihre Vorstellungskraft zu bemühen. Denken Sie daran: „Jesus Christus ist derselbe gestern und heute und in alle Ewigkeit!" (Hebräer 13,8; GN). „Schon vor Erschaffung der

Welt wurde er dazu bestimmt" (1. Petrus 1,20; NL). Die üblichen räumlichen und zeitlichen Begrenzungen haben keine Wirkung auf Jesus. Es wäre falsch, seine leibliche Anwesenheit auf jene 33 Jahre in Palästina zu begrenzen. Lange bevor Jesus bei Zachäus in Jericho aß, begegnete er schon Josua bei Jericho.

Und was für eine Begegnung das war! „Ich bin der Anführer der Heerscharen des Herrn", verkündete Jesus. Mit menschlichem Auge konnte man zwei Heere sehen: die Kanaaniter und die Israeliten. Aber in Wirklichkeit gab es noch ein drittes: die Heerscharen des Herrn. Gottes Engel. Von diesen himmlischen Heerscharen spricht auch Psalm 103,20–21: „Lobt den Herrn, ihr seine Engel, ihr starken Helden, die ihr seinen Befehl ausführt, gehorsam der Stimme seines Wortes! Lobt den Herrn, alle seine Heerscharen, seine Diener, die ihr seinen Willen tut!" (SLT).

Vergessen Sie die Vorstellung von Engeln mit seidigen Flügeln und rosigen Bäckchen. Gottes Engel sind stark genug, um für Daniel den Löwen das Maul zu stopfen. Nach dem, was in Offenbarung steht, braucht es nur einen Engel, um Satan zu binden und in den Abgrund zu stürzen. Ein einziger Engel kann den Teufel erledigen.

Stellen Sie sich nur vor, was dann Tausende von Engeln tun können! So viele gibt es. Der Verfasser des Hebräerbriefs spricht von „vielen tausend Engeln" (12,22; GN). Als Johannes einen Blick in den Himmel werfen durfte, sah er unzählig viele Engel: „Dann sah und hörte ich Tausende und Abertausende von Engeln, eine unübersehbare Zahl" (Offenbarung 5,11; GN). Als Gott Elisas Diener die Augen öffnete, sodass dieser mehr sehen konnte als das Offensichtliche, sah der junge Mann, „dass das

Bergland um Elisa herum voll feuriger Pferde und Streitwagen war" (2. Könige 6,17; NL).

„Alle Engel sind nur Wesen, die Gott dienen. Er sendet sie aus, damit sie allen helfen, denen er Rettung schenken will" (Hebräer 1,14; Hfa). Ihre Gegenwart ist gewissermaßen einer der Vorzüge eines Lebens im verheißenen Land. Alle Kinder Gottes können sich der Unterstützung durch Gottes Engel sicher sein. Sie sind mächtig. Sie sind zahlreich. Und Jesus ist ihr Anführer.

Die Botschaft an Josua war unmissverständlich: *Jericho hat zwar Mauern, aber du, Josua, hast noch viel mehr. Du hast Gott. Er ist bei dir.*

War das nicht genau das, was Josua brauchte – eine Erinnerung an Gottes mächtige Gegenwart? Ist das nicht auch genau das, was wir alle brauchen? Wir brauchen die Gewissheit, dass Gott bei uns ist. Wir sind niemals allein. In unseren dunkelsten Stunden und unseren größten Fragen verlässt uns der Herr der Heerscharen nicht.

Als meine Töchter noch klein waren, fingen sie manchmal mitten in der Nacht an zu schreien, weil der Wind einen Zweig gegen das Fenster gedrückt oder sie unten auf der Straße ein Geräusch gehört hatten. Dann schrien sie: „Papa!"

Ich tat, was alle Väter tun – ich schickte ihre Mutter. Nein, Quatsch. Ich ging den Flur entlang in ihr Zimmer. Sobald ich das Zimmer betreten hatte, veränderte sich alles. Seltsame Geräusche? Rätselhafte Laute? Egal. Papa war ja da.

Eines müssen Sie wissen: Ihr Papa ist da. Er ist da als Anführer. Er ist da mit seinen himmlischen Heerscharen.

Sie müssen sich Ihrem Jericho niemals allein stellen.

Das ist das Versprechen, das Gott Joy in New Mexico und Josua vor Jericho gegeben hat und das er auch Ihnen gibt. Er ist bei Ihnen. Er ist noch heute der Anführer der himmlischen Heerscharen. „Gott hat alles der Herrschaft von Christus unterstellt“ (Epheser 1,22; NL). „Er erhält das Universum durch die Macht seines Wortes“ (Hebräer 1,3; NL).

Ihm ist alle Macht gegeben. Ein Fingerzeig von ihm und schon handeln Tausende und Abertausende von mächtigen Engeln auf seinen Befehl hin.

Seine Gegenwart ist Teil Ihres Erbes. „Mein Besitz und mein Erbe ist der Herr selbst“ (Psalm 16,5; NGÜ). Er kommt zu Ihnen. Als unbekannter Besucher im Krankenhaus oder als Heerführer? Vielleicht. Oder vielleicht kommt er durch einen Bibelvers oder die liebevolle Unterstützung eines Freundes. Er könnte sogar durch ein Buch wie dieses zu Ihnen sprechen.

Aber eines ist sicher: Gott kommt zu seinem Volk. „Der Herr der Heerscharen ist mit uns“ (Psalm 46,7; ELB). Sie bilden bei dieser Verheißung keine Ausnahme. Seine Liebe schließt alle Menschen ein. Geht es bei der seltsamen Unterhaltung zwischen Josua und Jesus nicht genau darum?

„Gehörst du zu uns oder zu unseren Feinden?“, fragte Josua.

„Weder noch“, erwiderte der Heerführer.

Gott stellt sich nicht auf eine Seite. Er ist niemals gegen seine Kinder. Selbst die bösen Kanaaniter, die sich schon vor langer Zeit dem Götzendienst verschrieben hatten, waren Anwärter auf seine Gnade. Hätten die Bewohner von Jericho ihre Schuld eingestanden und ihr Leben verändert, hätte Gott sie angenommen, so wie er Rahab annahm. Er steht immer auf der Seite seiner Kinder.

Und er steht auch auf Ihrer Seite. „Wenn Gott für uns ist, wer kann dann gegen uns sein?“ (Römer 8,31; Hfa).

Stehen Sie vor einer Jericho-ähnlichen Herausforderung? Stehen Sie vor Mauern, die zu hoch sind, um sie zu überwinden, und zu dick, um sie zum Einsturz zu bringen? Stehen Sie vor einer Diagnose, einem Problem oder einer Niederlage, die Sie davon abhält, ins verheißene Land einzuziehen? Wenn ja, machen Sie es wie Josua.

„Und es begab sich, als Josua bei Jericho war, dass *er seine Augen aufhob* und gewahr wurde, dass ein Mann ihm gegenüberstand“ (Josua 5,13; LÜ; Hervorhebung des Autors). Als Josua seinen Blick hob, sah er Jesus. Solange wir nur auf unser Jericho starren, werden wir Jesus nicht sehen. Wir müssen den Blick heben. „Ich hebe meine Augen auf zu den Bergen. Woher kommt mir Hilfe? Meine Hilfe kommt vom Herrn, der Himmel und Erde gemacht hat“ (Psalm 121,1–2; LÜ).

Ende Januar 1956 bekam Dr. Martin Luther King eine telefonische Drohung. Es war nicht das erste Mal, dass er eine solche Kampfansage erhielt. Aber an diesem Abend, als seine Frau und die Kinder schliefen, war die Last der Menschenrechtsbewegung auf seinen Schultern zu schwer. Er beschloss, dass das Risiko zu groß war. Er fing an, eine Rückzugsstrategie zu erstellen. Um Mitternacht beugte er sich über den Küchentisch und betete. „Ich habe Angst. Die Menschen sehen zu mir auf als ihrem Anführer, und wenn ich kraft- und mutlos vor ihnen stehe, werden sie auch zurückweichen. Ich bin am Ende meiner Kraft. Ich habe nichts mehr. Ich bin an einem Punkt, wo ich dem allen nicht mehr allein gewachsen bin.“ King beschrieb später, was dann passierte: „Ich spürte Gottes Gegenwart, wie ich sie noch nie zuvor verspürt hatte. Es schien, als könnte ich die leise Zusage einer inneren Stimme vernehmen, die sagte: ‚Erhebe dich für die Gerechtigkeit, erhebe dich für die Wahrheit, dann wird Gott für immer an deiner Seite sein.'"[4] Als er sich einer gewaltigen Herausforderung gegenübersah, veränderte King seine Blickrichtung und sah auf Gott.

Paulus und Silas taten dies ebenfalls. Man hatte die beiden Missionare in ein römisches Gefängnis in Philippi geworfen, wo ein Wärter sie in die sicherste Zelle warf. Er schloss ihre Füße in einen Holzblock. Sie hatten keine Zuflucht, keine Fluchtmöglichkeit. Aber statt auf ihre Fußfesseln und die Ketten zu schauen, schauten sie zu Gott auf. „Um Mitternacht beteten Paulus und Silas und priesen Gott in Lobgesängen. Die anderen Gefangenen hörten zu" (Apostelgeschichte 16,25; GN).

Es war Mitternacht. Sie saßen im tiefsten Loch des Gefängnisses. Die Türen waren verriegelt. Draußen standen Wachen. Und trotzdem beteten Paulus und Silas und sangen Loblieder. Genau wie Josua schauten auch sie zu Gott und wussten, er würde ihnen beistehen.

Und genau wie bei Josua kam seine Hilfe auf dramatische Weise. „Da gab es plötzlich ein gewaltiges Erdbeben. Die Mauern des Gefängnisses schwankten, alle Türen sprangen auf und die Ketten fielen von den Gefangenen ab" (Vers 26).

Er half ihnen, nachdem sie ihren Blick auf ihn gerichtet hatten.

Tammy, eine gute Freundin, machte die gleiche Erfahrung. Kurz nach ihrem elften Hochzeitstag reiste sie mit ihrem Mann Trent Lenderink nach Jamaika. Sie genossen die Zeit auf der Insel, und als sie die Gegend wieder verließen, beschloss Trent, unterwegs anzuhalten und zur Blauen Lagune zu gehen, einem beliebten Ort für Taucher. Er zog seinen Taucheranzug, die Brille und die Flossen an und mietete einen Unterwasserscooter. Trent wollte etwa eine Viertelstunde in der Lagune tauchen. Tammy wartete am Ufer, aß zu Mittag und sah zu, wie Trent immer wieder auftauchte, um Luft zu holen. Dann fiel ihr auf, dass sie ihn schon eine Weile nicht mehr gesehen hatte. Tammy erzählte mir später: „Als er nach einer halben und auch nach einer dreiviertel Stunde immer noch nicht auftauchte, musste ich gegen die Angst ankämpfen."

Ein Taucherteam machte sich auf die Suche nach Trent. Man suchte, bis es dunkel wurde, und setzte die Suche am nächsten Morgen, dem 11. September 2001, fort. Tammy sah gerade die Nachrichten, als das zweite Flugzeug in die Türme des World Trade Centers in New York flog. Wenige Augenblicke später wurde durch einen Anruf vom Anleger bestätigt, dass man Trent gefunden hatte. Er war in der Lagune ertrunken.

Tammy stand unter Schock. Die beiden waren schon seit der Oberstufe ein Paar gewesen. Jetzt war sie ganz allein in einem fremden Land. Sie rief ihre Eltern an. Doch alle Flüge waren gestrichen worden. Tammys Eltern konnten nicht zu ihr kommen. Sie konnte Jamaika nicht verlassen. Ein paar Tage später reiste Tammy nach Kingston, wo sie mit Trent eine Missionsreise beginnen wollte. Und dort, ganz allein im Hotelzimmer, brach sie zusammen. „Gott", betete sie, „wenn du irgendwo da oben bist, bitte schick mir jemanden, der mir hilft, jemanden, der mich in den Arm nimmt. Zeig mir, dass du mich liebst und mich siehst."

Wenige Minuten später klopfte es an ihrer Zimmertüre. Als sie öffnete, stand eine Reinigungskraft vor ihr, eine ältere

Jamaikanerin. „Ich will Ihnen nicht zu nahe treten", sagte sie, „aber ich habe Sie weinen gehört. Darf ich Sie einfach in den Arm nehmen und für Sie beten?"

Tammy brach in Tränen aus und erzählte der Frau, was geschehen war. Die freundliche Jamaikanerin legte ihre Arme um Tammy und drückte sie.

Jesus gebrauchte eine jamaikanische Putzfrau, um seine amerikanische Tochter zu trösten.[5]

Sie dürfen sich darauf verlassen, dass Jesus Sie trösten und Ihnen helfen wird. Wenden Sie den Blick von Jericho ab. Sie haben es schon lange genug angestarrt. Sie müssen nicht wissen, wie groß der Umfang seiner Mauern ist oder aus wie vielen Steinen diese besteht. Wir finden dann Heilung, wenn wir auf unseren Anführer schauen. Erheben Sie den Blick und beugen Sie die Knie. „Da warf sich Josua vor ihm zu Boden und betete ihn an" (Josua 5,14; Hfa).

Er war ein Fünf-Sterne-General. Vierzigtausend Soldaten salutierten, wenn er vorüberging. Sein Zelt war das Weiße Haus der Israeliten. Zwei Millionen Menschen schauten auf ihn. Aber in der Gegenwart Gottes warf er sich zu Boden, zog seine Sandalen aus und betete an.

Wir sind niemals so stark oder mächtig, dass wir es nicht mehr nötig hätten anzubeten. Menschen, die Gott nicht anbeten, können sich nur auf ihre eigene Kraft berufen. Ein Mensch ohne Anbetung steht ganz allein vor den Mauern Jerichos.

Gehen Sie nicht nach Jericho, bevor Sie nicht zu Ihrem Anführer gegangen sind. Lassen Sie sich von ihm daran erinnern, dass seine Engel überall sind. Lassen Sie sich von ihm bestätigen, dass seine Macht Sie umgibt. Er hat Ihnen das versprochen:

„Ich lasse dich nicht im Stich, nie wende ich mich von dir ab“ (Hebräer 13,5; Hfa).

Jericho ist vielleicht mächtig, aber Jesus ist mächtiger. Lassen Sie sich von ihm Kraft schenken.

KAPITEL 8

Ziehen Sie Ihre Kreise um Jericho

JOSUA 6

Folgendes müssen Sie über die Mauern von Jericho wissen: Sie waren gewaltig. Sie lagen in zwei konzentrischen Kreisen aus Stein wie eine Rüstung um die Stadt und waren gut zwölf Meter hoch. Unüberwindbar.

Folgendes müssen Sie über die Einwohner von Jericho wissen: Sie waren grausam und barbarisch. Sie hielten jeder Belagerung stand und schlugen alle Angreifer in die Flucht. Sie brachten Kinderopfer dar. „Sie haben sogar ihre Söhne und Töchter als Opfer für die Götzen verbrannt" (5. Mose 12,31; GN). Sie waren die zerstörerischste Macht der Bronzezeit, erbarmungslose Tyrannen in den Ebenen Kanaans.[1]

Bis Josua auf den Plan trat. Bis seine Armee einmarschierte. Bis die Steine fielen und die Felsblöcke zerbröselten. Bis zu dem Tag, an dem alles ins Wanken geriet – die Steine der Mauern, die Knie des Königs, die Moral der Soldaten. Die Festung, die allem standhalten konnte, traf auf eine unaufhaltsame Kraft.

Das mächtige Jericho zerfiel.

Aber Folgendes müssen Sie über Josua wissen: Er brachte die Mauern nicht zum Einsturz. Josuas Soldaten schwangen nie den Hammer. Seine Männer brachen keinen einzigen Stein heraus. Sie rammten kein einziges Tor oder meißelten einen Stein heraus. Wie war es da möglich, dass diese undurchdringlichen Mauern wankten und schwankten und donnernd einstürzten? Gott hatte es für sie getan.

Und Gott tut das auch für Sie. Ihr „Jericho“ ist vielleicht Ihre Angst. Oder Ihre Wut, Ihre Verbitterung oder Ihre Vorurteile. Ihre Unsicherheit angesichts der Zukunft. Ihre Schuldgefühle wegen Ihrer Vergangenheit. Ihre negativen Gedanken, Ihre Sorgen. Ihre Neigung zu kritisieren, zu überinterpretieren oder alles bis ins Kleinste zu analysieren. Ihr „Jericho“ ist jede Haltung und Denkweise, die Ihnen die Freude, den Frieden und die innere Ruhe raubt.

Jericho.

Jericho steht zwischen Ihnen und dem Leben, nach dem Sie sich sehnen. Es verspottet Sie und rät Ihnen, mit Ihren Träumen wieder in die Wüste zurückzukehren. Es steht wie ein Ungeheuer auf der Brücke zum neuen Leben. Es ist groß. Es ist böse. Es versperrt Ihnen den Weg. Seine Mauern müssen fallen. Um im verheißenen Land leben zu können, müssen Sie sich Ihrem Jericho stellen.

Das ist nicht immer leicht. Mit jedem Schritt, mit dem Sie Ihrem Erbe näher kommen, müssen Sie den Satan enterben. Der Teufel muss ausziehen, damit die Kinder Gottes einziehen können. Josua sagte zum Volk, es sollte „das Land in Besitz nehmen, das der Herr uns geben will“ (Josua 1,11; GN). Das Verb, das hier mit „in Besitz nehmen“ übersetzt wird, bedeutet „besetzen (indem man vorherige Bewohner vertreibt und es an ihrer Stelle besitzt)“.[2]

Satan verschwindet aber nicht kampflos. Er wird Widerstand leisten. Er wird Sie zurückdrängen, aber er wird nicht siegen.

Warum nicht? Weil Gott schon verkündet hat, dass Sie der Sieger sind. Satan wurde auf Golgatha besiegt. Ihm wurden die Zähne gezogen und er hat keine Macht mehr über Sie.

Was Gott zu Josua sagte, gilt auch uns: „Sei mutig und entschlossen!“ (Vers 6). Hören Sie nicht auf Ihre Angst. Weichen Sie nicht vor Ihrem Leid zurück. Nehmen Sie das Land ein, das Gott Ihnen zum Besitz gegeben hat.

„Da sagte der Herr zu Josua: ‚Jetzt gebe ich Jericho mit seinem König und allen seinen Kriegsleuten in deine Hand“ (Josua 6,2; GN).

Gott sagte nicht nur: „Josua, nimm die Stadt ein.“

Gott sagte: „Josua, nimm die Stadt ein, die ich bereits eingenommen habe.“

Josua zog nicht in der Hoffnung los, irgendwann in der Zukunft einen Sieg zu erringen. Er wusste, dass Gott den Sieg bereits errungen hatte.

Das Gleiche gilt auch für Sie und Ihre Herausforderung. Gott sagt nicht: „Thomas, leg diese schlechte Gewohnheit ab.“

Er sagt: „Thomas, ich habe die schlechten Gewohnheiten in deinem Leben bereits besiegt. Nimm den Segen meines Sieges für dich in Anspruch.“

Denken Sie daran, dass Sie Miterbe Christi sind. Jede Eigenschaft von Jesus steht auch Ihnen zur Verfügung. War Jesus siegreich? Hat er die Sünde und den Tod überwunden? Ja! Werden Sie siegreich sein? Können Sie die Sünde und den Tod überwinden? Ja! Die Frage ist nicht, *ob* Sie überwinden werden, sondern *wann* Sie überwinden werden. Im Leben wird es immer Herausforderungen geben. Aber Gott wird uns auch immer die Kraft geben, uns ihnen zu stellen.

In Kanaan ist vieles anders. Sorgen und Süchte haben nicht das letzte Wort. Die Probleme von heute sind nicht notwendigerweise auch die Probleme von morgen. Sperren Sie sich nicht selbst in ein mentales Gefängnis, indem Sie denken, das sei so. Stempeln Sie sich nicht selbst ab. „Ich mach mir immer Sorgen … Ich bin eben eine Plaudertasche … Mein Vater war Alkoholiker und ich werde die Tradition wohl fortführen."

Hören Sie auf damit! Mit solchen Worten schließen Sie gewissermaßen einen Pakt mit dem Teufel. Damit bekommt er Zugang zu Ihrem Geist. Gott möchte nicht, dass Sie als besiegter, ausgegrenzter, unglücklicher und sorgenvoller Mensch leben. Verschließen Sie gegenüber den alten Stimmen Ihre Ohren und treffen Sie neue Entscheidungen. „Auf schönem Land fiel mir mein Anteil zu. Ja, mein Erbe gefällt mir gut" (Psalm 16,6; EÜ). Bauen Sie Ihr Leben auf Ihrem göttlichen Erbe auf, nicht auf Ihren Umständen.

Gott hat uns den Sieg schon versprochen. Und er hält die Waffen für den Kampf bereit.

Ich kann mir lebhaft vorstellen, wie die Soldaten zu Josua aufsahen, als er ihnen verkündete: „Es wird Zeit, Jericho einzunehmen!"

„Klasse!", erwiderten sie. „Wir haben Leitern und Seile mitgebracht!"

„Wir werden die Mauern hochklettern!"

„Unsere Speere sind spitz und unsere Schwerter geschärft!"

„Von welcher Seite greifen wir zuerst an?"

Josua schaute seine Männer an und sagte: „Na ja, Gott hat einen anderen Plan." Ihr General breitete den unwahrscheinlichsten aller Angriffspläne vor ihnen aus. „Nehmt die

Bundeslade des Herrn auf eure Schultern. Sieben von euch gehen mit Kriegshörnern vor ihr her" (Josua 6,6; GN).

Josua befahl den Soldaten, vor und hinter der Bundeslade zu marschieren. Er sagte den Priestern, sie sollten ständig in die Hörner blasen, während sie jeden Tag ein Mal um die Stadt zogen. Und der Rest des Volkes? „Erhebt kein Kriegsgeschrei und lasst eure Stimmen nicht hören! Kein Wort komme aus eurem Mund bis zu dem Tag, an dem ich zu euch sage: Erhebt das Kriegsgeschrei! Dann sollt ihr losschreien" (Vers 10; EÜ).

Moment mal. Kein Kriegsgeschrei? Kein Nahkampf? Keine aufblitzenden Schwerter, keine fliegenden Speere, keine Rammböcke oder Belagerungstürme? Nur Priester, Widderhörner, marschieren und Stille? Josua hatte mindestens 40 000 Soldaten unter seinem Befehl, und denen sagte er, sie sollten still sein und zusehen?

Was für eine Kriegsführung ist das denn?

Geistliche Kriegsführung. Letzten Endes ist jede Schlacht ein geistlicher Kampf. Jeder Konflikt ist ein Kampf mit Satan und seinen Mächten. Paulus fordert uns auf, „den listigen Anschlägen des Teufels [zu widerstehen]" (Epheser 6,11; EÜ). Das griechische Wort, das hier für *listige Anschläge* steht, ist *methodia*, von dem auch das Wort *Methode* abstammt.[3] Satan ist weder passiv noch fair. Er ist aktiv und listig. Er hat Pläne und Strategien. Folglich brauchen auch wir eine Strategie. Deshalb „leben [wir] zwar in dieser Welt, kämpfen aber nicht mit den Waffen dieser Welt. Die Waffen, die wir bei unserem Feldzug einsetzen, sind nicht irdisch, aber sie haben durch Gott die Macht, Festungen zu schleifen" (2. Korinther 10,3–4; EÜ). Genau wie Jericho eine Festung in Kanaan war, gibt es auch in unserem Leben

Festungen. Der Apostel Paulus hat mit diesem Begriff Einstellungen und Denkweisen umschrieben: „Die Waffen, die wir bei unserem Feldzug einsetzen … haben durch Gott die Macht, Festungen zu schleifen; mit ihnen reißen wir alle hohen Gedankengebäude nieder, die sich gegen die Erkenntnis Gottes auftürmen“ (Verse 4–5). Der Apostel definierte eine Festung als ein Gedankengebäude, „das sich gegen die Erkenntnis Gottes auftürmt“. Es ist eine Überzeugung, eine Ansicht oder ein Glaube, der der Wahrheit im Wege steht.

In anderen Übersetzungen werden diese Festungen bezeichnet als

- menschliches Denken (Hoffnung für alle),
- eigenmächtige Gedankengebäude (Neue Genfer Übersetzung),
- Hochmut (Gute Nachricht),
- hochtrabende Argumente (Neues Leben).

Eine geistliche Festung ist eine falsche Annahme, die Gottes Verheißung ignoriert. Sie „[türmt] sich gegen die Erkenntnis Gottes [auf]“ (Vers 5). Sie versucht, unsere Entdeckung Gottes in den Schatten zu stellen. Sie versucht, die Dinge zu verkehren und damit das Problem groß und Gottes Fähigkeit, das Problem zu lösen, klein zu machen.

Hat so eine Festung Sie fest im Griff? Können Sie nur noch Jericho sehen? Spüren Sie nur noch Verzweiflung?

Denken Sie nur noch an die Niederlage? Sprechen Sie davon, dass alles unmöglich ist?

Das kann mir Gott niemals vergeben. (Festung der Schuld)

Diesem Menschen kann ich niemals vergeben. (Festung der Bitterkeit)

Mir passieren immer schlimme Dinge. (Festung des Selbstmitleids)

Ich muss das unter Kontrolle bekommen. (Festung des Stolzes)

Ich bin es nicht wert, geliebt zu werden. (Festung der Selbstablehnung)

Davon werde ich mich nie erholen. (Festung des Scheiterns)

Ich muss gut sein, sonst lehnt Gott mich ab. (Festung der Leistung)

Ich bin nur so gut, wie ich aussehe. (Festung der Äußerlichkeiten)

Ich bin, was ich habe. (Festung des Materialismus)

Die meisten Christen erkennen diese geistlichen Festungen nicht.[4] Sie leben im Schatten dieser freuderaubenden Jerichos.

Aber bei uns kann es anders sein. Unsere Waffen sind von Gott und „haben durch Gott die Macht, Festungen zu schleifen" (Vers 4).

Wollen wir nicht genau das? Wir sehnen uns danach, dass die Festungen in unserem Leben zerstört werden, in Schutt und Asche liegen, für immer und ewig. *Wumm!* Wir sehnen uns danach, dass Jericho einstürzt. Wie kann das passieren?

Indem wir Gott in den Mittelpunkt unseres Lebens stellen.

Die Bundeslade war das Symbol für Gottes Gegenwart. Josua platzierte die Lade in der Mitte der Prozession. Jede Aktivität drehte sich um Gott. Wir können unser Jericho nicht mit Wut, Schuldzuweisungen oder Fingerzeigen angreifen. Nein, wir müssen Gott im Mittelpunkt behalten und die Waffen der Anbetung, der Bibel und des Gebets gebrauchen. Wir setzen jedes

Mittel ein, das uns Gott gibt: Lieder, Gemeinschaft, auswendig gelernte Bibelverse und Gebet. Wir schalten öfter mal den Fernseher aus und lesen in der Bibel. Wir denken an die Verheißung von Jesus: „Ich bin bei euch alle Tage" (Matthäus 28,20). Wir machen uns weniger Sorgen und beten mehr. Wir blasen sogar in unser Widderhorn.

Widderhorn?

Bei den Israeliten gab es zwei Instrumente: die silberne Trompete und das Widderhorn. Mit der silbernen Trompete wurde das Volk zusammengerufen (4. Mose 10,2). Mit dem Widderhorn wurden gewonnene Schlachten gefeiert. Als Abraham bereit war, seinen Sohn Isaak als Opfer darzubringen, hielt Gott ihn davon ab, indem er einen Widder als stellvertretendes Opfer sandte. Das Widderhorn erinnert uns an Gottes überragende Großzügigkeit. Gott schenkte Abraham einen Widder, um seinen Sohn zu erlösen. Gott befahl Josua, die Luft mit dem Klang der Widderhörner zu erfüllen, als Zeichen des Sieges.

Und interessanterweise befahl er dem Volk, still zu sein. „Ich will keinen Ton von euch hören" (Josua 6,10; NL). Auch kein Getuschel. Keine Kommentare oder Vermutungen. Kein Gejammer oder Gequatsche. Klappe halten und laut Widderhorn spielen.

Stellen Sie sich vor, wie wohl die Kanaaniter reagiert haben, als Josua mit seiner Armee Kreise um sie zog. Am ersten Tag machten sie sich über die Israeliten lustig. Am zweiten Tag spotteten sie wieder, aber nicht mehr ganz so laut. Am vierten und fünften Tag wurde es still beim Feind. „Was haben diese Israeliten nur vor?", fragten sie sich. Am sechsten Tag standen die Kanaaniter mit aufgerissenen Augen und Mündern da, als die

Israeliten ihre Runde drehten. Die Bewohner von Jericho hatten noch niemals eine solche Schlacht geschlagen.

Und genauso herausfordernd ist auch der Kampf mit Ihrem Erzfeind, dem Teufel. Er hat diese Festung in Ihrem Leben seit Jahren gehalten. Sie haben alles versucht, um sie zu überwinden: mehr Disziplin, Selbsthilfe-Bücher, moderne Gurus. Nichts hilft. Aber jetzt kommen Sie mit Gottes Macht und stellen Gott in den Mittelpunkt Ihres Lebens. Sie tragen Jesus im Herzen und sind von Engeln umgeben. Sie kommen nicht in der Hoffnung, vielleicht zu siegen, sondern in der Gewissheit, dass Sie mit Gottes Hilfe schon gewonnen haben.

Marschieren Sie wie ein Eroberer, wie jemand, der das verheißene Land bereits in Besitz genommen hat. Stoßen Sie in Ihr Widderhorn. Singen Sie Lieder der Erlösung und verkünden Sie Bibelverse, die vom Triumph handeln. Tränken Sie Ihren Verstand in der Aussage von Jesus: „Es ist vollbracht!" (Johannes 19,30), und der Ankündigung der Engel: „Er ist nicht hier; er ist auferstanden" (Matthäus 28,6; LÜ). Machen Sie sich Paulus' Aussage zu eigen: „Aber trotz all dem tragen wir einen überwältigenden Sieg davon durch Christus" (Römer 8,37; NL) und „Allem bin ich gewachsen durch [Christus]" (Philipper 4,13; GN). Wenn Sie das tun, werden die Dämonen die Flucht ergreifen. Ihnen bleibt nichts anderes übrig, als zu gehen.

Vor einiger Zeit bat mich eine Mutter, für ihren achtjährigen Sohn zu beten. Er wurde von einer ständigen Flut an Bildern und beängstigenden Träumen heimgesucht. Er sah hinter Autos und in den Schatten überall Menschen. Aufgrund dieser Bilder zog er sich immer mehr von anderen zurück und war unglaublich schüchtern. Sie raubten ihm sogar nachts den Schlaf.

Als ich ihn kennenlernte, wirkte er niedergeschlagen. Sein Lächeln war verschwunden. Seine anderen Geschwister waren selbstbewusst und fröhlich, aber in seinem Gesicht war keine Freude zu sehen. In seinen Augen standen oft Tränen und er klammerte sich an seine Mutter.

Sie war mit ihm bei Ärzten gewesen, aber nichts hatte geholfen. Ob ich wohl für ihn beten könnte?

Ich erzählte dem Jungen das, was ich auch Ihnen erzählt habe, nämlich dass der Teufel keine Macht über sein Leben hat und dass der eigentliche Kampf im Kopf stattfindet. Gott wird uns helfen, jeden Gedanken gefangen zu nehmen.

Ich erzählte ihm von den geistlichen Waffen der Anbetung, der Bibel und des Gebets und riet ihm, einen Bibelvers auswendig zu lernen und ihn jedes Mal aufzusagen, wenn die Angst in ihm hochkam. Ich gab ihm noch ein weiteres Hilfsmittel an die Hand. „Greif nach oben", sagte ich, „pack den Gedanken und schmeiß ihn in den Mülleimer. Und wenn du das tust, dann ersetze ihn sofort mit einem Bibelvers." Wir salbten ihn dann mit Öl und beteten für ihn.

Fünf Tage später berichtete seine Mutter, dass er große Fortschritte mache. „Seit vergangener Woche sind die Bilder weg. Er sieht sie nicht mehr. Er ist gut in der Schule und hat Freude daran, das 1. Buch Mose zu lesen. Gott hat uns Psalm 25, Vers 5 gegeben: ‚Führe mich und lehre mich, nach deiner Wahrheit zu leben, denn du bist der Gott, der mich rettet. Auf dich hoffe ich zu jeder Zeit' (NL). Er sagt diesen Vers jeden Abend auf. Ich glaube, das hat ihn näher zu Jesus gebracht. Er wendet Ihre Strategie an und wirft die Gedanken der Angst in den Müll. Er sagt, wenn er versucht, sie wegzuwerfen, tut sein Kopf weh. Ich habe ihn gefragt, was die Gedanken vertrieben hat. Er hat gelächelt und gesagt: ‚Ich weiß, dass Gott sie vertrieben hat.‘“[5]

Und wieder stürzt ein scheinbar unüberwindliches „Jericho“ in sich zusammen.

„Dem Teufel könnt ihr den dicken Finger zeigen, dann wird er verschwinden“ (Jakobus 4,7; VOLX-Bibel). Er wird sich zurückziehen. Er muss sich zurückziehen. Wo Gott angebetet wird, hat er nichts zu suchen. Loben Sie Gott und gehen Sie einfach weiter.

„Aber ich bin schon so lange unterwegs, Max“, wenden Sie jetzt vielleicht ein.

Ja, so scheint es. Den Israeliten muss es auch so vorgekommen sein. Josua hatte ihnen nicht gesagt, wie oft sie um die Stadt laufen mussten. Gott hatte Josua gesagt, dass die Mauern am siebten Tag einstürzen würden, aber Josua hatte es dem Volk nicht mitgeteilt. Sie gingen einfach weiter.

Unser Josua hat es uns auch nicht verraten. Durch die Feder von Paulus fordert Jesus uns auf: „Bleibt fest und unerschütterlich in eurem Glauben! Setzt euch mit aller Kraft für den Herrn ein, denn ihr wisst: Nichts ist vergeblich, was ihr für ihn tut“ (1. Korinther 15,58; Hfa).

Gehen Sie weiter. Wer weiß, ob das nicht der Tag ist, an dem die Mauern einstürzen. Vielleicht sind Sie nur noch wenige Schritte von diesem Augenblick entfernt.

Am siebten Tag gingen die Israeliten bei Tagesanbruch los und umrundeten die Stadt auf dieselbe Art sieben Mal. Nur an diesem Tag gingen sie sieben Mal um die Stadt herum. Während der siebten Umrundung, als die Priester ins Horn bliesen, befahl Josua dem Volk: „Schreit! Denn der Herr hat die Stadt in eure Hand gegeben!" … Die Priester bliesen die Hörner. Als die Israeliten das hörten, schrien sie so laut sie konnten. Da stürzten die Mauern Jerichos zusammen, und die Israeliten drangen geradewegs in die Stadt ein und eroberten sie. Josua 6,15–16.20 (NL)

Gerade die Mauern, die sie draußen halten sollten, wurden zur Brücke, über die sie die Stadt betreten konnten.

Übrigens wird auch diese Welt heftig erschüttert werden. Unser Josua – Jesus – wird uns das Signal geben und eine Trompete wird erschallen. Er wird die Beute für sich beanspruchen und jeden Dämon endgültig vertreiben. Er wird noch einmal tun, was er schon in Kanaan getan hat.

Aber bis er das tut, sollten Sie einfach weitermarschieren und ihm vertrauen. Überwinden Sie Ihre geistlichen Festungen mit den geistlichen Waffen der Anbetung, der Bibel und des Gebets. Legen Sie Ihre falschen Annahmen ab und klammern Sie sich an Gottes Verheißungen.

Es ist nur noch eine Frage der Zeit, bis Ihr Jericho einstürzt.

Ich habe das Gefühl ich mache alles falsch ← Lüge

Ich lebe in der Gerechtigkeit Gottes.

Ich darf Lärm machen – Jericho mit Gott

=> Ken-Haus Brief – Lärm lange gewartet

KAPITEL 9

Sachen helfen nicht

JOSUA 7

Wir haben bei uns zu Hause immer ein Spiel namens „Meine Damen und Herren" gespielt. Zu den Mitspielern gehörten drei Töchter im Kindergartenalter und ein Vater, der Spaß daran hatte, sich auch einmal lächerlich zu machen. Die Töchter waren frisch gebadet, im Schlafanzug und bereit, vom Sofa auf den Sessel zu fliegen. Der Vater war bereit, den Zirkusdirektor, den Ansager und das Katapult zu spielen.

„Meine Damen und Herren", verkündete ich meinem Ein-Frau-Publikum, nämlich Denalyn, die sich fragte, warum wir unbedingt vor dem Schlafengehen Kunststückchen machen mussten, „meine Damen und Herren, die Lucado-Mädchen werden jetzt durch die Luft fliegen."

Das Wohnzimmer wurde zum Jahrmarkt und ich war das lebende Karussell. Ich hielt die Mädchen über meinen Kopf und schwang sie herum, als seien es Stoffpuppen. Sie breiteten die Arme aus und kicherten. Ich ließ sie aufs Sofa fallen und fing sie auf, wenn sie von der Rückenlehne des Sessels sprangen. Sie liebten das. Nicht einen Augenblick zweifelten sie daran, dass ich sie halten oder fangen würde. Ihre Mutter schon. Ein Kinderarzt wahrscheinlich auch. Aber selbst nach tausend Drehungen und Sprüngen hätten meine Töchter mich niemals gefragt:

„Hast du dir das auch gut überlegt, Papa?“

„Ich weiß nicht, ob du mich wirklich fangen wirst.“

„Bist du ganz sicher, dass du weißt, wie das geht?“

„Vielleicht solltest du erst mit einem Kissen üben.“

Kein einziges Mal dachten sie daran, dass ich sie fallen lassen könnte. *Papa hat gesagt, er kann das, dann kann er es auch. Papa hat gesagt, er wird das tun, dann wird er es auch tun.* Sie vertrauten mir völlig. Schließlich war ich ihr Vater.

Ach, wenn wir doch unserem himmlischen Vater so vertrauen würden.

Jesus hat einmal gesagt: „Nur eins erwartet Gott von euch: Ihr sollt an den glauben, den er gesandt hat“ (Johannes 6,29; Hfa). Alles fängt mit Glauben an. Fehlender Glaube führt zu einem Leben in der Wüste. Vorhandener Glaube führt zu einem Leben im verheißenen Land. So einfach ist das. So war es für Josua. Er flog zwar nicht durchs Wohnzimmer, aber er vertraute darauf, dass Gott Flüsse teilte und Festungen zum Einsturz brachte.

Josua vertraute Gott. Die meisten seiner Landsleute folgten seinem Beispiel. Aber einer nicht: Achan.

Sie haben noch nie von Achan gehört? Dann befinden Sie sich in guter Gesellschaft. Wir lesen lieber die positiveren Geschichten der Bibel. Wir lieben die Geschichten von Petrus’ Beauftragung, Paulus’ Bekehrung und Simsons Wiedereinsetzung. Aber Achans Korruption? Das ist nicht der Stoff, aus dem Sonntagsschullieder geschrieben werden. Und doch hat diese Geschichte auch das endgültige Lektorat des Buches Josua überstanden. Gott wollte aus einem bestimmten Grund, dass sie darin blieb. Es ist aber keine schöne Geschichte oder angenehmer Lesestoff. Seien Sie gewarnt.

Das vorangehende Kapitel endet sehr positiv: „So war der Herr an Josuas Seite“ (Josua 6,27; NL). Jericho war zerstört. Kein Stein war mehr auf dem anderen, kein Feind war mehr übrig. Jetzt war es so weit: Israel konnte die Herrschaft übernehmen. Die Festung lag in Schutt und Asche. Es hatte sich schon herumgesprochen und die Israeliten hatten Mut gefasst. Josuas Gesicht war auf den Titelseiten der Tageszeitungen abgebildet. „So war der Herr an Josuas Seite, und er wurde im ganzen Land berühmt“ (Vers 27).

So – was für ein wunderbares Wort.

Leider wurde aus dem *so* am Ende von Kapitel 6 in Kapitel 7 ein *doch*.

Doch die Israeliten veruntreuten Dinge, die dem Herrn geweiht werden sollten. Ein Mann namens Achan hatte einige Gegenstände an sich genommen, und der Herr wurde sehr zornig über die Israeliten. Josua 7,1 (NL)

Hier die Akte Achan: Er hatte eine Frau. Er hatte eine Familie. Er hatte Rinder, Esel, Schafe und ein Zelt (Vers 24). Er hatte seinen Platz im Stammbaum von Juda. Aber vor allem widersetzte er sich ganz offen und absichtlich Gottes Gebot:

„Ihr dürft euch nichts von dem, was zur Vernichtung bestimmt ist, nehmen, sonst gebt ihr euch und das Lager Israels der Vernichtung preis und stürzt es ins Unglück. Alle Gegenstände aus Silber, Gold, Kupfer oder Eisen sind dem Herrn geweiht und müssen in seine Schatzkammer gebracht werden.“ Josua 6,18–19 (NL)

Die Anweisungen waren klar: *Lasst die Finger von den Sachen. Macht euch keine Ketten aus dem Gold. Macht euch keine Medaillen aus der Bronze. Keine Souvenirs. Kein Firlefanz. Kein Jericho-Schmuck.*

Ich meine es ernst!

Gott hatte große Pläne für die Israeliten. Durch sie sollten die Bücher der Bibel geschrieben werden, die Propheten kommen, und der Messias sollte von ihnen abstammen. Sie mussten Gott vertrauen, und zwar nur Gott. Sich auf die eigene Kraft verlassen? Nein. Auf die eigenen Ressourcen? Nein. Die eigenen Fähigkeiten? Nein.

Gott ist alles, was ihr braucht. War das bisher nicht auch die Botschaft von Josua? Wer teilte den Jordan? Wer führte das Volk trockenen Fußes hindurch? Wer kam, um Josua zu ermutigen? Wer brachte die Mauern von Jericho zum Einsturz? Wer hat für das Volk gekämpft und es befreit?

Gott!

Er sorgte für sein Volk. Selbst in der Wüste saßen sie nie auf dem Trockenen. Sie konnten zwar kein Manna mehr sehen, aber sie mussten nie hungern.

Er schenkte ihnen nicht nur Nahrung, sondern auch Kleidung und Gesundheit. Mose hat das Volk Israel einmal daran erinnert: „Die ganzen vierzig Jahre lang sind eure Kleider nicht zerschlissen und ihr habt keine wunden Füße bekommen" (5. Mose 8,4; GN). Gott wiederholte die Botschaft noch einmal: „Vierzig Jahre lang habe ich euch durch die Wüste geführt und eure Kleider und Schuhe sind nicht zerschlissen" (5. Mose 29,4; GN).

Folgende Sätze bekam man in der Wüste nie zu hören:

„Ich brauche mal ein Fußbad."

„Mist. Mein Kleid hat schon wieder einen Riss."

„Wow, neue Sandalen. Wo hast du die denn her?"

Fußpfleger, Schneider und Schuster hatten jede Menge Freizeit.

Kein Nahrungsmangel. Kein Bedarf an neuer Kleidung. Keine Blasen an den Füßen oder entzündete Fußballen. Gott sorgte für sie. Und Gott versprach, noch mehr zu geben.

Ich zitiere noch einmal Mose:

Denn der Herr, euer Gott, bringt euch in ein gutes Land. Dort gibt es Flüsse, Seen und Quellen, die in den Tälern und Bergen entspringen, und Weizen und Gerste, Weinstöcke und Feigenbäume, Granatäpfel, Ölbäume und Honig. Es ist ein Land, in dem ihr euch satt essen könnt und es euch an nichts fehlen wird. Ein Land, in dem die Steine Eisen enthalten und aus dessen Bergen du Kupfer abbauen kannst. 5. Mose 8,7–9 (NL)

In der Gesellschaftsordnung von Gottes verheißenem Land ist er die einzige Segensquelle. Er wusste, was passieren würde, wenn die Soldaten anfingen, Reichtümer zu sammeln. Sie würden nicht mehr ihm vertrauen, sondern ihren Sachen. Denken Sie einmal darüber nach. Die Israeliten waren einfache Beduinen vom Land. Die meisten von ihnen waren in der Wüste geboren worden. Das Gold in den „guten" Vierteln der Stadt würde sie nur verwirren. Die Ketten und Ringe würden sie betören. Die Münzen, der Schmuck, die Seide … Die Israeliten waren nicht darauf vorbereitet, solche Beute zu machen.

Achan war der Beweis dafür. Er sah Gold und vergaß Gott. Und Gottes Strafe traf die Menschen prompt und hart.

Einige Kilometer nördlich von Jericho lag die Siedlung Ai. Josua markierte den Namen auf seiner Wandkarte und befahl seinen Offizieren, sie anzugreifen. Noch völlig begeistert vom Sieg über Jericho, dachte er, der kleine Ort wäre leichte Beute. Die gesamte Siedlung hatte nur 12 000 Einwohner. So viele Soldaten waren allein in Josuas Nachtwache. Also schickte er ein kleineres Bataillon – nur 3000 Mann.

Doch Josua erlebte eine böse Überraschung. Der Ort war wie ein Zwinger voller Rottweiler. Die Menschen von Ai bissen zurück. Josuas Truppen rannten aufgerieben und entmutigt nach Hause und leckten ihre Wunden.

Die Männer aus Ai verfolgten die Israeliten von den Stadttoren aus bis zu den Steinbrüchen und töteten 36 von ihnen am Berghang. Die Israeliten waren vor Angst wie gelähmt und ihr Mut schmolz dahin. Josua 7,5 (NL)

Josuas starke Männer verkrochen sich zitternd unter ihren Decken. Er wusste nicht, was er davon halten sollte. Er hatte gerade eine Reihe von Wundern und Siegen erlebt. Der Jordan. Jericho. Die Rettung von Rahab. Unbesiegbar. Unerschrocken. Ohne Zweifel die neue Macht in Kanaan – und jetzt das?

Unser Held brach zusammen. Er zerriss seine Kleider und warf sich mit dem Gesicht in den Staub. Er betete, wie die Israeliten es in der Wüste getan hatten. Er bereute den Einzug ins Land und warf Gott vor, sie dem Untergang preisgegeben zu haben. „Wären wir doch auf der anderen Seite des Jordans geblieben!" (Vers 7; GN).

Josua war völlig fertig, aber Gott noch nicht. „Der Herr

antwortete Josua: ‚Steh auf! Warum liegst du auf dem Boden?'" (Vers 10; GN).

Josua rappelte sich hoch. Gott sagte ihm, dass es im Lager Ärger gab.

„Die Israeliten haben gesündigt und meinen Bund gebrochen, den ich ihnen geboten habe! Sie haben Gegenstände genommen und gestohlen, die ich für mich ausgesondert habe. Aber sie haben nicht nur gestohlen, sondern darüber hinaus auch noch gelogen und die Gegenstände zu ihren übrigen Besitztümern gelegt. Deshalb können die Israeliten vor ihren Feinden nicht bestehen und müssen vor ihnen fliehen." Verse 11–12 (NL)

Es war also nicht so, dass die Leute von Ai tolle Kämpfer gewesen wären. Vielmehr war das Lager der Israeliten gewissermaßen verseucht. Gott befahl Josua recht wortreich, den faulen Apfel zu finden, bevor auch die anderen Äpfel zu faulen begannen.

Auf Gottes Anweisung hin ließ Josua das Volk Stamm für Stamm, dann Familie für Familie und Mann für Mann antreten, bis Achan gestand. Die Schätze waren in seinem Zelt versteckt.

„… ich habe gegen den Herrn, den Gott Israels, gesündigt. Folgendes habe ich getan: Ich sah ein schönes Gewand aus Babylon, 200 Silberschekel und einen über 50 Schekel schweren Goldbarren. Ich wollte sie so gern haben, dass ich sie mir einfach nahm. Sie sind unter meinem Zelt vergraben, das Silber zuunterst." Verse 20–21 (NL)

Es ist nicht schwer, Achans Fall nachzuvollziehen. Er war mit den anderen Soldaten durch die gefallene Stadt gegangen. Die Mauern waren eingestürzt. Überall lag Schutt. Die Eroberung war gelungen. Die Kriegsbeute lag zum Greifen nah – das Gold, die Münzen, schöne Kleidung. Alle sahen die Sachen. Alle anderen erinnerten sich an Gottes Gebot. Sie sahen die Schätze und gingen weiter.

Und Achan? Als er dachte, dass niemand hinsah, blieb er stehen und warf einen verstohlenen Blick nach links und rechts. „Ich sah ein schönes Gewand aus Babylon, 200 Silberschekel und einen über 50 Schekel schweren Goldbarren. Ich wollte sie so gern haben, dass ich sie mir einfach nahm."

„Ich sah … Ich wollte … haben … ich nahm."

Die anderen sahen ebenfalls. Und Sie wollten sicher auch haben. Aber nur Achan nahm. Warum?

Vielleicht war er davon überzeugt, dass er eine Belohnung verdient hatte. Immerhin hatten sie den Kampf gewonnen. Oder vielleicht wollte er ein Ass im Ärmel haben, ein bisschen Geld, auf das er zurückgreifen konnte, falls die Israeliten verloren. Ein Notgroschen wäre nicht schlecht oder etwas, um zu verhandeln, falls er gefangen genommen würde.

Welche Erklärung auch immer es für sein Verhalten gibt, Fakt ist: Achan vertraute Gott nicht. Er vertraute nicht auf Gottes Weisheit. Er vertraute nicht auf Gottes Fähigkeit, für ihn zu sorgen oder ihn zu beschützen. Um es mit den Worten aus unserem Spiel „Meine Damen und Herren" zu sagen: Achan bezweifelte, dass Gott ihn fangen konnte. Deshalb brach er den Schwur, den er und die anderen vor dem Einmarsch abgelegt hatten. Und das war Gottes Anklage: „… er hat den Bund des

Herrn gebrochen“ (Vers 15; NL). Achan muss zu den Männern gehört haben, die geschworen hatten: „Wer sich gegen dein [Josuas] Wort auflehnt und den Anweisungen, die du uns gegeben hast, nicht vollständig gehorcht, soll mit dem Tod bestraft werden“ (Josua 1,18; NL). Achan hatte die Dinge selbst in die Hand genommen. Oder genauer gesagt hatte er die Schätze in sein Zelt genommen und seine Familie in den Verrat mit hineingezogen.

Das Urteil kam prompt und die Strafe war hart. Achan und seine Familie wurden öffentlich hingerichtet und ihr Besitz wurde verbrannt. Als Warnung für das Volk wurde ein Mahnmal errichtet. Es war ein ernster Tag in Gilgal.

Und es ist eine ernste Warnung an uns. Gott ist eifersüchtig, wenn es um unser Vertrauen geht. Es ist keine Bitte, kein Vorschlag und keine Empfehlung; es ist ein Gebot. Seine Botschaft ist klar: „Vertraut mir – nur mir.“

Von einem ähnlich gravierenden Ungehorsam wird im Neuen Testament berichtet: Für die erste Gemeinde hatte auch eine glorreiche Zeit begonnen. Wunder, Predigten, Taufen und Wachstum. Die Apostelgeschichte ist eine Erfolgsgeschichte – bis Kapitel 5. Bis zu Hananias und Saphira. Dieses Ehepaar hatte sich wie damals Achan genommen, was eigentlich Gott gehörte. Sie hatten versprochen, Grundbesitz zu verkaufen und das Geld der Gemeinde zu geben. Doch dann überlegten sie es sich anders, taten aber so, als hielten sie ihr Versprechen.

Sie logen, genau wie Achan. Und sie starben, genau wie Achan. Ihre Leichname wurden hinausgetragen und: „Ein gewaltiger Schrecken packte die ganze Gemeinde und alle, die davon erfuhren“ (Apostelgeschichte 5,11; GN). Gott ist es mit dem Thema „Glaube“ ernst. Todernst.

Achan in Gilgal.

Hananias und Saphira in Jerusalem.

Was käme ans Licht, wenn man Ihr Zelt durchsuchen würde?

Ein Schrank voller Glauben oder eine Vorratskammer voller eigener Bemühungen? Ein Regal voller Hoffnung oder eine Vorratskiste voller Aktien?

Die Geschichte von Achan erinnert uns zu unserem eigenen Besten daran, unser Vertrauen nicht auf Dinge zu setzen.

Paulus schrieb an Timotheus: „Ermahne die, die im Sinne dieser Welt reich sind, nicht überheblich zu werden. Sie sollen ihr Vertrauen nicht auf etwas so Unsicheres wie den Reichtum setzen; vielmehr sollen sie auf Gott vertrauen, der uns alles reichlich gibt, was wir zum Leben brauchen" (1. Timotheus 6,17; GN).

Diejenigen, „die im Sinne dieser Welt reich sind", das sind Sie, das bin ich. Wenn Ihre Schulbildung ausreicht, um diese Seite zu lesen, wenn Ihre Mittel ausreichen, um sich dieses Buch zu kaufen, dann gelten Sie wahrscheinlich als wohlhabend. Das ist in Ordnung. Wohlstand ist eine häufige Folge von Gottesfurcht (Sprüche 22,4). Paulus schrieb nicht, dass die Reichen ein schlechtes Gewissen haben sollten, weil sie reich waren; er warnte nur zur Vorsicht.

Nichts führt schlussendlich so leicht zum Versagen wie Erfolg.

Wir werden nicht ewig Geld besitzen. Einen Überfluss oder Mangel an Geld merken wir nur in diesem Leben. Lassen Sie sich also nicht davon gefangen nehmen.

Wenn wir irdische Güter anhäufen statt himmlische, worauf setzen wir dann unser Vertrauen? Stellen Sie sich vor, die

Weltwirtschaft würde den Bach hinuntergehen. Ihr Geldbeutel ist voller Papier, das bald wertlos sein wird. Wahrscheinlich würden Sie alles in die „Währung“ umtauschen, die zukünftig gelten wird. Oder Sie sterben oder Jesus kommt wieder – dann wird die Währung dieser Welt ebenfalls nichts mehr wert sein.

Investieren Sie in die himmlische Währung?

Wir kommen in dem Maß in den Genuss des Lebens, nach dem wir uns zutiefst sehnen, in dem wir Gott vertrauen.

Wem vertrauen Sie? Gott oder König Mehr? König Mehr ist ein lausiger Herrscher. Er ist nie zufrieden. Er rostet. Er verrottet. Er verliert an Wert. Er kommt aus der Mode. Von all den Versprechen, die er gibt, kann er kein einziges halten. Der Herrscher des Mehrs wird Ihnen das Herz brechen.

Und der König der Könige? Er wird Sie bei jedem Sprung auffangen.

KAPITEL 10

Versagen ist nicht das Ende

JOSUA 8,1–29

Ich erinnere mich noch ganz genau an das Endspiel des *Super Bowl* von 1991. Ich bin kein Footballfan und ich habe auch kein außergewöhnliches Gedächtnis. Ehrlich gesagt erinnere ich mich an nichts anderes aus der Football-Saison von 1991 – außer an dieses eine Detail. Eine Schlagzeile. Eine Beobachtung, die wir Scott Norwoods Schuss verdanken.

Er spielte bei den *Buffalo Bills*. Die Mannschaft hatte seit 1965 keinen größeren Sportwettkampf mehr gewonnen, aber in jener Nacht in Tampa Bay schien der Ball für die *Bills* günstig zu fallen. Das Spiel mit den *New York Giants* ging hin und her. Als nur noch wenige Sekunden zu spielen waren, lagen die *Bills* einen Punkt hinten. Sie hatten die 29-Yard-Linie der *Giants* erreicht. Es war nur noch Zeit für einen Spielzug. Sie schauten auf ihren Kicker. Scott Norwood. Vollprofi. Er hatte die meisten Punkte für seine Mannschaft gemacht. Auf ihn war ebenso Verlass wie darauf, dass es im Winter in Buffalo Schnee gab. In einer Saison traf er bei 32 von 37 Versuchen. In dieser Saison hatte er aus dieser Entfernung schon fünfmal getroffen. Jetzt musste er ein sechstes Mal treffen.

Die ganze Welt sah zu, als Norwood seine routinemäßige Vorbereitung für den Schuss durchlief. Er blendete die Zuschauer aus, suchte sich einen Zielpunkt, entwickelte ein Gefühl für das Timing, wartete darauf, den Ball vom Center-Spieler zu bekommen, um den Ball Richtung Tor zu schießen. Er hielt den Kopf gesenkt und führte den Schuss aus. Als er endlich aufsah, hatte der Ball das Tor schon fast erreicht. Da merkte er, dass er danebengeschossen hatte.

Die falsche Fankurve brüllte los.

Ganz Buffalo stöhnte auf.

Norwood ließ den Kopf hängen.

Eine Schlagzeile würde später lauten: „Zu weit nach rechts: Dieser Distanzschuss wird Scott Norwood ewig verfolgen.“[1]

Keine Wiederholung. Keine zweite Chance. Keine Gnadenfrist. Er konnte die Zeit nicht zurückdrehen und dafür sorgen, dass der Spielzug ein anderes Ende nahm. Er musste mit den Folgen leben.

Genau wie Josua. Er hatte eine demütigende Niederlage erlitten. Die Männer von Ai waren ihnen zwar zahlenmäßig unterlegen, hatten sich aber als überlegen erwiesen. Sie hatten sich auf Josuas Männer gestürzt und sie unerwartet geschlagen. Wie sich später herausstellte, hatte einer seiner Soldaten Gottes Gebot nicht befolgt. Der Kommandant stand nun vor der unangenehmen, hässlichen Aufgabe, diesen Ungehorsam aufzudecken und zu bestrafen.

Josua sprach ein Gebet, das aus dem „Buch der Wüstengebete“ hätte stammen können. „Ach Herr, du mächtiger Gott! Warum hast du uns über den Jordan gebracht? Nur um uns in die Hände der Amoriter fallen zu lassen und uns zu vernichten?“ (Josua 7,7; GN).

Das war nicht sein Tag.

Dieser Mann hatte sein ganzes Leben lang Treffer gelandet. Als Spion für Mose bewies er Mut. Er übernahm Führungsverantwortung. Am Jordan zögerte er nicht. Bei Jericho wich er nicht zurück. Aber in dem Abschnitt seines Lebens, den man mit „Achans Verrat und die Niederlage bei Ai“ überschreiben könnte, versagte er. Er versagte vor seiner Armee, vor dem Feind und vor Gott.

Josua schleppte sich zu seinem Zelt zurück. Das gesamte Lager blies Trübsal. Sie hatten 36 Soldaten begraben und dem Untergang eines Landsmannes zusehen müssen.

Josua spürte die wütenden, misstrauischen Blicke der Menschen.

„Josua ist ein mieser Leiter.“

„Ihm fehlt das gewisse Etwas.“

„Er hat uns enttäuscht.“

Er wusste, was sie dachten. Was noch schlimmer war: Er wusste, was *er selbst* dachte. Selbstzweifel überkamen ihn.

Was habe ich mir nur dabei gedacht, diese Aufgabe zu übernehmen?

Ich hätte es besser machen müssen.

Das ist alles meine Schuld.

All diese Stimmen hörte er.

Genau wie Sie.

Als Sie Ihren Job verloren, die Prüfung in den Sand gesetzt, die Schule abgebrochen haben. Als Ihre Ehe den Bach hinunterging. Als Ihre Firma pleiteging. Als Sie versagt haben. Da wurden diese Stimmen laut. Sie waren wie wild gewordene Affen in einem Käfig. Sie verhöhnten Sie. Sie haben sie genau gehört.

Und Sie haben auch noch in den Chor eingestimmt! Sie

haben sich selbst niedergemacht, mit sich geschimpft und sich Vorwürfe gemacht. Sie haben sich zur lebenslangen Zwangsarbeit im Zuchthaus der geringen Selbstachtung verurteilt.

Oh, diese Stimmen des Versagens.

Versagen sucht uns alle heim. Versagen ist so weit verbreitet, dass man sich fragt, warum nicht viel mehr Selbsthilfe-Gurus darüber sprechen. Die Buchläden quellen über von Büchern darüber, wie man erfolgreich sein kann. Aber wenn man ein Buch sucht zum Thema „Wie man erfolgreich versagt", kann man lange suchen.

Vielleicht liegt es daran, dass keiner weiß, was er dazu sagen soll. Aber Gott schon. Sein Buch ist an Versager gerichtet. Es ist voller Charaktere, die Mist gebaut und es vermasselt haben. David war ein moralischer Versager und doch gebrauchte Gott ihn. Nach den Ereignissen auf dem Berg Karmel war Elia ein emotionales Wrack, aber Gott segnete ihn. Jona hat sein ehrlichstes Gebet im Bauch eines Fisches gesprochen und Gott erhörte ihn.

Perfekte Menschen? Nein. Perfekte Chaoten? Auf jeden Fall, und trotzdem hat Gott sie gebraucht. Gott gebraucht Versager; das ist die überraschende und erfreuliche Entdeckung, die wir in der Bibel machen.

Gott gebrauchte Josuas Versagen, um uns zu zeigen, wie wir mit unserem Versagen umgehen sollen. Gott forderte Josua sofort eindringlich auf weiterzumachen.

„Steh auf! Warum liegst du auf dem Boden?" (Vers 10).

„Hab keine Angst, sei nicht verzagt. Nimm alle Kriegsleute mit dir und zieh noch einmal hinauf vor die Stadt Ai" (Josua 8,1; GN).

Versagen ist wie Treibsand: Man muss sofort etwas tun, sonst wird man hinuntergezogen.

Ein Ausrutscher macht einen noch nicht zur Niete und man zerbricht auch nicht daran. Selbst wenn Sie versagt haben – Gottes Liebe versagt nicht. Stellen Sie sich Ihrem Versagen im Vertrauen auf Gottes Güte. Er hat den Fehlschlag kommen sehen. Als Sie am östlichen Jordanufer standen, wusste Gott schon vom bevorstehenden Unglück bei Ihrem persönlichen Ai.

Trotzdem sagt er Ihnen, was er auch Josua gesagt hat: „Nun mach dich auf und zieh mit dem ganzen Volk über den Jordan in das Land, das ich euch geben will!“ (Josua 1,2; GN). Das Bündnis ist nicht an Bedingungen geknüpft. Es gibt kein Kleingedrucktes. Nirgendwo ist die Rede von Gegenleistungen. Gott lädt Sie ein, in das verheißene Land einzuziehen – und dieses Angebot hängt nicht davon ab, wie perfekt Sie sind, sondern davon, wie perfekt er ist.

Sie sind in Gottes Hand und deshalb bedeutet eine Niederlage nicht, dass Sie endgültig versagt haben. „Der Herr hat Freude an einem redlichen Menschen und lenkt alle seine Schritte. Er mag fallen, aber er stürzt nicht zu Boden; denn der Herr hält ihn fest an der Hand“ (Psalm 37,23–24; GN).

Es ist äußerst wichtig, dass Sie das verstehen. Wenn Sie diese Wahrheit nicht begreifen, entgeht Ihnen das Leben, nach dem Sie sich sehnen. Sie müssen fest darauf vertrauen, dass Gottes Gnade größer ist als Ihr Versagen. Bauen Sie auf Verheißungen wie diese: „Wer nun mit Jesus Christus verbunden ist, wird von Gott nicht mehr verurteilt. … denn jetzt bestimmt Gottes Geist und nicht mehr die sündige menschliche Natur unser Leben“ (Römer 8,1.4; Hfa).

Jeder stolpert mal. Der Unterschied besteht darin, wie man damit umgeht. Manche stolpern und fallen in das Loch der Schuldgefühle. Andere stolpern und fallen in Gottes Arme. Diejenigen, die Gnade finden, finden sie, weil „jetzt Gottes Geist … unser Leben [bestimmt]". Sie hören Gottes Stimme. Sie entscheiden sich bewusst dafür, aufzustehen und sich an Gottes Gnade anzulehnen.

Gott hat schon zu Josua gesagt: „Hab keine Angst und lass den Mut nicht sinken. Geh …" (Josua 8,1; NL).

Genau das hat auch der verlorene Sohn getan. Er beschloss: „Ich will mich aufraffen und zu meinem Vater gehen" (Lukas 15,18; NeÜ).

Erinnern Sie sich an seine Geschichte? Er hatte sein Erbe erhalten, genau wie Sie. Er war Teil der Familie. Doch er verschleuderte sein Erbe durch seinen zügellosen Lebensstil und seine falschen Entscheidungen. Vielleicht haben Sie das auch getan. Er verlor alles bis auf den letzten Cent. Sein Weg endete in einem Schweinestall. Er musste Schweine füttern, um zu überleben.

Eines Tages war er so hungrig, dass die Pampe, die die Schweine fraßen, wie ein Viergängemenü roch. Er beugte sich über den Trog, schnupperte, und ihm lief das Wasser im Mund zusammen. Er band sich eine Serviette um, holte eine Gabel aus der Tasche und streute etwas Salz auf die undefinierbare Masse. Er wollte sich gerade eine Gabel voll in den Mund schieben, als etwas in ihm aufwachte. „Moment mal. Was mache ich eigentlich hier? Ich wälze mich im Schlamm und tummle mich bei den Schweinen?" Dann traf er eine Entscheidung, die sein Leben für immer veränderte: „Ich will mich aufraffen und zu meinem Vater gehen."

Und genau das können Sie auch tun! Vielleicht können Sie nicht alle Ihre Probleme lösen oder alle Knoten entwirren. Sie können den Schaden, den Sie angerichtet haben, vielleicht nicht wiedergutmachen. Aber Sie können sich aufraffen und zu Ihrem Vater gehen.

Im Schweinestall zu landen ist Mist. Aber dort zu bleiben ist einfach nur strohdumm.

Stehen Sie auf und kommen Sie heraus. Sogar der Apostel Paulus musste diese Entscheidung treffen. „Ich lasse alles hinter mir und sehe nur noch, was vor mir liegt. Ich halte geradewegs auf das Ziel zu" (Philipper 3,13–14; GN).

Wer in der Vergangenheit lebt, hat keine Zukunft. Das Gestern lässt sich nicht mehr ändern, aber am Morgen kann man arbeiten. Setzen Sie einfach Gottes Pläne um.

Gott wies Josua an, noch einmal an den Ort des Versagens zu gehen. „Nimm alle Kriegsleute mit dir und zieh noch einmal hinauf vor die Stadt Ai. Ich habe den König von Ai, sein Volk, seine Stadt und sein Land in deine Hand gegeben" (Josua 8,1; GN). Im Grunde sagte Gott damit zu Josua: „Jetzt versuchen wir das Ganze noch einmal, aber diesmal auf meine Weise."

Das ließ Josua sich nicht zweimal sagen. Früh am Morgen marschierte er mit seinen Männern von Gilgal nach Ai, das etwa zwanzig Kilometer entfernt war. Einer seiner Trupps legte auf der Rückseite der Stadt einen Hinterhalt.[2] Dahinter standen noch einmal 5000 Mann (Vers 12).

Eine weitere Kompanie wurde von Josua angeführt. Sie marschierten auf die Stadt zu. Es war eine simple militärische Strategie: Josua würde angreifen, dann den Rückzug antreten und so die Soldaten von Ai aus dem Ort weglocken. Es funktionierte.

Der König von Ai, der immer noch mit stolzgeschwellter Brust an seinen ersten Sieg dachte, zog los, um den zweiten Sieg zu erringen. Er marschierte auf Josua zu und ließ den Ort ungeschützt zurück. Die Eliteeinheit stürmte daraufhin hinein und steckte alles in Brand. Josua machte kehrt und nahm mit seinen Männern die Armee von Ai in die Zange. Der Sieg war ihnen sicher.

Vergleichen wir einmal diesen Angriff mit dem ersten: Beim ersten Mal beriet sich Josua mit seinen Spähern; beim zweiten Mal hörte er auf Gott. Beim ersten Mal blieb er daheim. Beim zweiten Mal führte er die Soldaten an. Am ersten Angriff waren nur wenige beteiligt, am zweiten wesentlich mehr. Beim ersten Angriff gab es keine Taktik. Der zweite war strategisch durchdacht und ausgeklügelt.

Was ich damit sagen will? Gott gab Josua einen neuen Plan: *Versuch es noch mal auf meine Weise.* Als er Gottes Plan folgte, siegte er.

Auch Petrus entdeckte das Wunder der zweiten Chance. Eines Tages benutzte Jesus sein Fischerboot als Kanzel. Die Menge am Ufer war so groß, dass Jesus etwas Abstand brauchte. Also predigte er von Petrus' Boot aus. Dann wollte er mit Petrus einen Angeltrip unternehmen.

Der zukünftige Apostel hatte jedoch kein Interesse. Er war müde. Er hatte die ganze Nacht gefischt. Und er war ziemlich frustriert, weil er nichts gefangen hatte. Er zweifelte. Was verstand Jesus schon vom Fischfang? Petrus war verlegen. Am Strand wimmelte es von Menschen. Wer wollte schon in aller Öffentlichkeit versagen?

Aber Jesus bestand darauf. Und Petrus gab nach. „Aber weil

du es sagst, will ich die Netze noch einmal auswerfen" (Lukas 5,5; GN).

Für Petrus war das der Augenblick der Wahrheit. Er sagte damit im Grunde: „Ich werde es noch einmal auf deine Weise versuchen." Als er das tat, fing er so viele Fische, dass das Boot beinahe gesunken wäre. Manchmal müssen wir es einfach noch einmal versuchen und Jesus mit ins Boot nehmen.

Versagen ist nur dann das Ende, wenn wir es versäumen, daraus zu lernen.

Meine Frau und ich waren fünf Jahre lang mit einem Missionsteam in Rio de Janeiro. Die ersten beiden Jahre schienen ergebnislos und sinnlos. Es waren meistens mehr Gringos als Brasilianer im Gottesdienst. Oft ging ich frustriert nach Hause.

Also baten wir Gott um einen anderen Plan. Wir beteten und lasen noch einmal die neutestamentlichen Briefe, besonders den Galaterbrief. Mir wurde klar, dass ich eine sehr enge Gnade predigte. Als ich unsere Gute Nachricht mit der von Paulus verglich, erkannte ich den Unterschied. Seine Gute Nachricht war hochkarätig. Meine bestand aus bitterer Gesetzlichkeit. Also beschlossen wir als Team, uns auf das Evangelium zu konzentrieren. Ich gab mir alle Mühe, von der Sündenvergebung und der Auferstehung der Toten zu predigen.

Wir bemerkten die Veränderung sofort. In einem Jahr tauften wir 40 Menschen. Das ist ganz schön viel für eine Gemeinde mit 60 Mitgliedern. Aber Gott war noch nicht fertig mit uns. Wir mussten die Vergangenheit vergangen sein lassen und Gottes Plan an die richtige Stelle rücken.

Bleiben Sie keine Minute länger im Schweinestall. Es ist Zeit aufzubrechen.

Lassen Sie Ihr Versagen nicht vergebens sein, indem Sie nichts daraus lernen. Es wird Zeit, aus Fehlern klug zu werden.

Gott hat Sie nicht vergessen. Kopf hoch! Sie wissen nie, welche guten Dinge noch auf Sie warten.

Scott Norwood verließ das Spielfeld mit gesenktem Kopf. Während der nächsten Tage verfolgte ihn der Gedanke an den missglückten Schuss unablässig. Er konnte nicht schlafen. Er fand keinen Frieden. Er war immer noch aufgewühlt, als die Mannschaft wieder nach Buffalo kam. Trotz der Niederlage veranstaltete die Stadt eine Feier zu Ehren ihrer Footballmannschaft. Der Andrang war gewaltig – es kamen zwischen 25 000 und 30 000 Menschen. Norwood ging ebenfalls hin und nahm seinen Platz auf der Tribüne bei den anderen Spielern ein.

Er versuchte, sich im Hintergrund zu halten und sich hinter den anderen zu verstecken. Aber die Fans machten ihm einen Strich durch die Rechnung. Während einer Ansprache fingen sie plötzlich an zu rufen:

„Wir wollen Scott."

Sie wurden immer lauter.

„Wir wollen Scott!"

Scott hielt sich weiterhin hinter seinen Mannschaftskameraden, weil er nicht wusste, was die Menge von ihm wollte.

Die Rufe wurden schließlich so laut, dass der Redner aufhören musste. Norwoods Teamkollegen schoben ihn nach vorn. Als die Fans Scott sahen, klatschten sie ihm tosenden Beifall. Er hatte zwar das Tor verfehlt, aber sie wollten ihm zeigen, dass er trotzdem noch zu ihnen gehörte.

Im Hebräerbrief heißt es, dass wir von einer großen Wolke von Zeugen umgeben sind (Hebräer 12,1). Tausende und

Abertausende von geretteten Gläubigen schauen zu uns herunter. Abraham. Petrus. David. Paulus … und Josua. Ihre Großmutter, Ihr Onkel, Ihr Nachbar, Ihr Trainer. Sie haben Gottes große Gnade erlebt und feuern Sie jetzt alle an.

Pressen Sie Ihr Ohr an den Vorhang der Ewigkeit und hören Sie genau hin. Hören Sie sie? Sie rufen Ihren Namen. Sie feuern Sie an, damit Sie weitermachen.

„Nicht aufgeben!"

„Es ist es wert!"

„Versuch's noch mal!"

Sie haben vielleicht danebengeschossen, aber Sie sind immer noch Teil von Gottes Mannschaft.

KAPITEL 11

Stimmen, Entscheidungen und die Folgen

JOSUA 8,30–35

Die letzten Worte, die ich hörte, bevor ich ins Wasser stieg, waren: „Das wirst du bereuen." Ich tat die Warnung mit einer Handbewegung ab, ohne mich noch einmal umzudrehen. Was gab es da zu bereuen? Alle anderen gingen den langen Weg, ich nahm die Abkürzung. Sollten die anderen doch ums Wasser herumlaufen, ich wollte hindurchwaten. Schließlich waren es doch nur die Everglades.

Natürlich war ich noch nie zuvor in den Everglades gewesen. Ich hatte noch nie einen der Sümpfe Floridas gesehen. Ich kannte die Bäche in Texas und die Seen in New Mexico. Ich hatte sogar schon mal in einem Fluss in Colorado Forellen geangelt. Wasser ist Wasser, oder?

„Falsch", versuchten mir meine neuen Freunde aus Florida klarzumachen. Sie nahmen mich zu einem Picknick mit. Es war eine Willkommensparty. Die Tische waren auf der anderen Seite des Sumpfes gedeckt. Die Parkverwaltung hatte freundlicherweise eine Brücke gebaut, auf der die Fußgänger auf die andere Seite gelangten. Aber wer brauchte schon eine Brücke? Ich kam gerade frisch vom College, war Single, wollte Eindruck machen und schreckte vor ein paar Metern Wasser nicht zurück.

„Ich wate hindurch."

Jemand deutete auf das Schild, auf dem stand: „Sumpfgewässer nicht zum Baden geeignet."

Ein Warnschild konnte mich doch nicht aufhalten und so wagte ich mich hinein. Der Schlamm verschluckte meine Füße. Das Brackwasser war trüb, roch und schien die Heimat von Millionen von Steckmücken zu sein. Unbekannte Wesen schlängelten an mir vorbei. Schuppige Ungeheuer streiften meine Beine. Ich glaube, ich habe ein paar Augen gesehen, die mich anstarrten.

Ich wich zurück. Meine Flipflops wurden beide in den Abgrund gezogen und waren nicht mehr gesehen. Ich kam schlammbedeckt, von Mücken zerstochen und mit rotem Kopf wieder heraus. Ich ging über die Brücke und setzte mich an den Picknicktisch.

Alle anderen genossen das Picknick. Ich tat so, als täte ich das auch, aber wie konnte ich? Ich saß schlammbedeckt da, war mit Mückenstichen übersät und voller Reue.

Genau das, was man für ein schönes Picknick braucht.

Das verlangt nach einem schlauen Spruch.

Im Leben hört man Stimmen. Stimmen führen zu Entscheidungen und Entscheidungen haben Folgen.

Warum jammern manche Christen beim Picknick vor sich hin? Warum blühen manche Gläubigen auf, während andere vor sich hin welken? Warum packen einige gigantische Herausforderungen an und haben Erfolg dabei und bei anderen geht es scheinbar nur bergab und sie stolpern? Warum sind manche Menschen ewig zufrieden und andere ewig unzufrieden?

Das habe ich mich mit Blick auf mein eigenes Leben schon oft gefragt. Manchmal ist es, als sei man mit dem Fahrrad bergab unterwegs und habe Rückenwind, und ein anderes Mal fühlt es sich so an, als wollte man mit einem Einrad, das einen Platten hat, auf einen hohen Berg. Warum ist das so?

Die Antwort liegt in den Sümpfen, Warnschildern und darin, welchen Weg wir wählen.

Wir kommen in den Genuss des Lebens, nach dem wir uns sehnen, wenn wir die richtigen Entscheidungen treffen. Wenn wir das nicht tun, bekommen wir Probleme. Das ist die Headline der Ansprache, die Josua vor dem versammelten Volk im Tal von Sichem hielt.

Wenn Sie eine Liste der geografisch wichtigen Orte aus dem Buch Josua erstellen, sollten diese Namen nicht fehlen:

- der Jordan (die Flussdurchquerung),
- das Lager in Gilgal (die Gedenksteine und die Bündniserneuerung durch die Beschneidung),
- Jericho (wo Josua dem Heerführer begegnete und die Mauern einstürzten),
- Ai (wo Achan fiel und Josua wieder auf die Füße kam) und jetzt Sichem.

Die Pilgerreise nach Sichem war Moses Idee gewesen (5. Mose 27,4–8). Er hatte Josua angewiesen, die Landnahme zu unterbrechen und alle ins Tal von Sichem zu führen. Dieser Ort befand sich etwa 30 Kilometer vom Lager der Israeliten in Gilgal entfernt.[1] Die Israeliten müssen ausgesehen haben wie ein Amazonas aus Menschen, als sie damals marschiert sind.

Als sie das Tal erreicht hatten, begann Josua, einen Altar zu bauen:

Josua errichtete auf dem Berg Ebal einen Altar für den Herrn, den Gott Israels. So hatte es Mose, der Diener des Herrn, den Israeliten in seinem Gesetzbuch befohlen. Es sollten Steine verwendet werden, die man nicht mit dem Meißel bearbeitet hatte. Die Israeliten brachten dem Herrn auf diesem Altar Brand- und Dankopfer dar. Dann schrieb Josua in Gegenwart des Volkes die Gesetze des Mose auf die Steine des Altars. Josua 8,30–32 (Hfa)

In der Antike war es im Nahen Osten gebräuchlich, dass Könige ihre militärischen Siege feierten, indem sie die Eroberungszüge auf riesige getünchte Steine schrieben. Aber Josua hielt nicht *seine* Taten fest, er feierte *Gottes Gesetz*. Das Geheimnis hinter dem erfolgreichen Feldzug der Israeliten war nicht die Stärke der Armee, sondern die Entschlossenheit des Volkes, sich an Gottes Gebote zu halten.

Und dann kam das Beste:

Die levitischen Priester standen bei der Bundeslade des Herrn. Auf beiden Seiten der Bundeslade hatte sich das ganze Volk versammelt, Israeliten und Ausländer, auch die Ältesten, die führenden Männer und Richter. Sie alle waren der Bundeslade zugewandt, die eine Hälfte des Volkes stand mit dem Rücken zum Berg Garizim, die andere zum Berg Ebal. Mose hatte befohlen, dies zu tun und das Volk zu segnen, sobald es im Land Kanaan angelangt war. Josua las das ganze Gesetzbuch des Mose vor, auch die Segensverheißungen und Fluchandrohungen. Verse 33–34

Die Ebene von Sichem liegt zwischen den Bergen Ebal und Garizim. In diesem Tal gibt es Gärten, Obstplantagen und

Olivenbäume. An der tiefsten Stelle befindet sich eine Kalksteinschicht, die die Naturgewalten über die Jahrhunderte in Stufen gebrochen haben, „sodass es aussieht wie eine Reihe von Bänken“[2]. Die Gesteinsformation bildet ein natürliches Amphitheater mit einer Akustik, die es möglich macht, dass ein Geräusch von der einen Seite des Tales auf der anderen Seite zu hören ist.

Jeweils sechs der Stämme Israels sollten sich auf die eine und sechs auf die andere Seite des Tales stellen. In der Mitte standen die Priester, Leviten, Ältesten und die Bundeslade. Als Josua und die Leviten die Segensverheißungen vorlasen, riefen die Stämme am Berg Garizim: „Amen!“ Als die Ältesten die Fluchandrohungen vorlasen, bestätigten dies etwa eine Million Stimmen vom Berg Ebal her mit einem „Amen!“ (nachzulesen in 5. Mose 27–28).[3]

Können Sie sich diesen dramatischen Augenblick vorstellen?

„Wenn ihr auf Gott hört und nach allen seinen Geboten lebt, wird er …“

„… eure Feinde besiegen!“

„Amen!“

„… eure Scheunen segnen!“

„Amen!“

„… euch mit Gutem überschütten!“

„Amen!“

„… die Schleusen des Himmels öffnen und es auf euer Land regnen lassen!“

„Amen!“

Die Verkündung der Fluchandrohungen lief nach demselben Schema ab: „Verflucht sei jeder, der …“

„… sich einen Götzen formt!“

„Amen!“

„… seine Eltern geringschätzt!“

„Amen!“

„… Bestechung annimmt, um einen Unschuldigen zu töten.“

„Amen!“

Hin und her, hin und her. Die Stimmen hallten von den Steinwänden wider. Das gesamte Volk – Kinder, Einwanderer, Alte, jeder – verkündete im Wechselgesang seine Grundwerte: „Jedes einzelne Gebot, das Mose ihnen gegeben hatte, las Josua den versammelten Israeliten vor, auch den Frauen und Kindern und Ausländern, die unter den Israeliten lebten“ (Josua 8,35; NL).

Bedenken Sie, wann und wo diese Versammlung stattgefunden hat: Wann fand dieses Ereignis statt? Während einer Invasion. Und wo? Mitten im feindlichen Land. Diese vom Leben in der Wüste abgehärteten Menschen drückten während eines physischen Kampfs einfach den Pause-Knopf, um einen geistlichen Kampf zu führen.

Auf Gottes Wort zu hören ist lebenswichtiger, als Gottes Kriege zu führen. Ja, auf Gottes Wort zu hören bedeutet, seinen Krieg zu führen. Sie nahmen das Land ein, als sie seinen Bund mit ihnen ehrten.

Wollen Sie im verheißenen Land leben?

Wünschen Sie sich, das Leben zu führen, nach dem Sie sich sehnen?

Möchten Sie Kanaan in seiner ganzen Fülle erfahren?

Dann befolgen Sie Gottes Gesetz.

Wie bitte? Hatten Sie etwa mit etwas Mystischerem, Exotischerem, Faszinierenderem gerechnet? Dachten Sie, Sie fänden das Leben, nach dem Sie sich sehnen, durch ekstatische Zustände, Engelsvisionen, geistliche Gipfelerlebnisse oder mitternächtliche Botschaften vom Himmel?

Da muss ich Sie leider enttäuschen. „Gehorsam", so schrieb C. S. Lewis, „ist der Schlüssel, der alle Türen öffnet."[4] Glauben Sie ja nicht, dass Sie den falschen Stimmen Glauben schenken und falsche Entscheidungen treffen können und dennoch den Konsequenzen entrinnen.

Dagegen führt Gehorsam zu einem Strom an Segen, nicht nur für Sie, sondern auch für Ihre Kinder, Ihre Enkel, Ihre Urenkel und deren Kinder bis in die tausendste Generation nach Ihnen. Gott hat versprochen: „Denen aber, die mich lieben und meine Gebote befolgen, werde ich bis in die tausendste Generation gnädig sein" (2. Mose 20,6; NL).

Wenn wir Gottes Geboten gehorchen, öffnen wir die Tür für seine Güte.

Beispiel gefällig? Die bemerkenswerte Geschichte von Pitcairn. Im Frühjahr 1789 ließ sich eine Mannschaft meuternder Seeleute auf diesem winzigen Fleckchen im Südpazifik, gut 5000 Kilometer vor der Küste Neuseelands, nieder. Weil sie wütend waren über die strenge Herrschaft ihres Kapitäns, hatten die Meuterer ihn und seine Anhänger in einem Boot ausgesetzt und zugesehen, wie sie aufs Meer hinaustrieben.

Kapitän Bligh wurde gerettet und sagte schließlich vor Gericht gegen die Mannschaft der *HMS Bounty*, so hieß das Schiff, aus. Aber was wurde aus den Seeleuten, die sich auf Pitcairn niedergelassen hatten? Die Männer nahmen sich tahitianische Frauen und rekrutierten tahitianische Arbeiter. Sie hatten die Gelegenheit, eine stabile Gesellschaft zu gründen, aber stattdessen erschufen sie einen Ort voller Gewalt, Ehebruch und Trunksucht. Sie stellten keinerlei Standards, Moral oder Gesetze auf. Nach nur einer Generation waren alle durch Krankheiten oder Gewalt umgekommen. Nur einer der Meuterer hatte überlebt – John Adams alias Alexander Smith.

Als er 1800 als einziger erwachsener Mann auf der etwa 4,5 Quadratkilometer großen Insel zurückblieb, begann er, in der Bibel zu lesen. Später erzählte er: „Als ich anfing, über das Leben Jesu zu lesen, öffnete sich mein Herz so weit wie ein Scheunentor. Als ich mir dann sicher war, dass Gott ein liebender und gnädiger Vater war für alle, die Buße taten und umkehrten, hatte ich das Gefühl, dass ich seine Gegenwart fast körperlich spüren konnte … und ich war mir jeden Tag seiner Führung stärker bewusst."

Smith überzeugte die Inselbewohner, der Lehre der Bibel zu folgen. Als die britische Marine die Insel Pitcairn 1808 wiederentdeckte, waren sie verblüfft über die Ordnung und den Anstand, die dort herrschten. Die Insel war völlig verändert. Smith wurde begnadigt und Pitcairn wurde in der damaligen Zeit zum Inbegriff von Frömmigkeit.[5]

Gehorsam führt zu Segen, Ungehorsam zu Problemen.

Erinnern Sie sich an das Gleichnis von den zwei Häuslebauern, das Jesus erzählt hat? Einer baute auf billigen, überall vorhandenen Sand. Der andere baute auf teuren, schwer zu erreichenden Fels. Letzteres Bauprojekt erforderte mehr Zeit und Geld. Aber raten Sie mal, welcher Bauherr gesegnet wurde und welcher Probleme erntete, als der Frühjahrsregen den Bach über die Ufer treten ließ? Ein Haus am Strand zu haben bringt nichts, wenn es dem Sturm nicht standhält.

Jesus sagte, ein kluger Hausbauer sei: „Wer meine Worte hört und danach handelt“ (Matthäus 7,24; Hfa). Beide hatten die Lehren gehört. Der Unterschied zwischen den beiden lag also nicht in ihrem Wissen oder ihrer Unwissenheit, sondern in ihrem Gehorsam beziehungsweise ihrem Ungehorsam. Wenn wir Gottes Gebote in die Tat umsetzen, erfahren wir Sicherheit. Wir sind nur so stark, wie wir gehorsam sind. „Allerdings genügt es nicht, seine Botschaft nur anzuhören; ihr müsst auch danach handeln. Alles andere ist Selbstbetrug!“ (Jakobus 1,22; Hfa).

Vor einigen Monaten war ich auf einer Dienstreise in New York. Ich hatte den Tag mit Freunden und Kollegen verbracht. Der letzte dienstliche Termin war gegen zehn Uhr abends zu Ende. Als wir die Hotellobby betraten, knurrte mein Magen. Ich hatte Hunger. Meine Kollegen nicht. Sie hatten an dem Essen teilgenommen, bei dem ich gesprochen hatte. Ich dachte darüber nach, auf mein Zimmer zu gehen und etwas beim Zimmerservice zu bestellen. Aber im Hotel war viel los und die Bestellung würde wahrscheinlich erst spät geliefert werden. Ich erinnerte mich daran, dass es in der Nähe ein Bistro gab. Also wünschte ich den anderen eine gute Nacht und ging die Straße hinunter.

Nach wenigen Minuten kam ich mit einem Sandwich in der Hand wieder zurück. Als ich die Straße überquerte, standen zwei Frauen an einer Ecke in der Nähe des Hotels. Aufgrund ihrer Kleidung nahm ich an, sie seien gerade aus dem Theater gekommen.

„Entschuldigen Sie“, sagte eine der beiden, „hätten Sie gern etwas Gesellschaft heute Abend?“

Ich war verblüfft. Junge Frauen flirten gewöhnlich nicht mit mir. Ich bin sechzig Jahre alt. Mein Haarschopf wird immer schütterer. Ich kämpfe mit einem Rettungsring. Als ich das letzte Mal meinen Bizeps zeigen konnte, war Bill Clinton noch Präsident. Aber dann dämmerte es mir – sie waren nicht an mir persönlich interessiert. Sie waren an dem interessiert, was ich ihnen zahlen würde. Folgender Bibelvers kam mir in den Sinn: „Macht euch nichts vor! Gott lässt keinen Spott mit sich treiben. Jeder Mensch wird ernten, was er gesät hat“ (Galater 6,7; GN).

Ich blieb nicht einmal stehen. Ich winkte nur ab, eilte auf mein Hotelzimmer und rief meine Frau an. Stellen Sie sich vor, was passiert wäre, wenn ich das nicht getan hätte. Wie viel Schmerz, Schuldgefühle und Scham hätte ich verursacht.

Heute werden Stimmen um Ihre Aufmerksamkeit buhlen. Vielleicht nicht auf einer New Yorker Straße, sondern vor Ihrer Haustür, auf der Arbeit, in der Schule, im Internet. Sie warten nur auf Sie. Sie stehen an den Kreuzungen Ihres Lebens in Familie oder Freundeskreis. Sie können Sie nicht ausschalten, aber Sie können darauf gefasst sein.

Denken Sie daran, wer Sie sind: Sie sind Gottes Kind. Sie sind mit dem Wertvollsten erkauft, das es auf der Welt je gegeben hat: dem Blut Jesu. Der Geist des lebendigen Gottes lebt in Ihnen. Sie werden für eine Aufgabe in der Ewigkeit ausgerüstet, durch die Sie befähigt werden, in der Gegenwart Gottes zu leben. Sie haben eine heilige Berufung. Sie gehören zu ihm.

Denken Sie daran, wo Sie sind: Das hier ist Kanaan. Sie leben im verheißenen Land. Natürlich nicht geografisch, sondern geistlich. Es ist das Land der Gnade, der Hoffnung, der Freiheit, der Wahrheit, der Liebe und des Lebens. Der Teufel hat hier keine Macht über Sie. Er tut zwar so, als ob; er stolziert umher und will Sie in Versuchung führen, aber wenn Sie ihm widerstehen und auf Gott schauen, muss er fliehen (Jakobus 4,7).

Entscheiden Sie schon jetzt, was Sie dann sagen werden.

Entscheiden Sie sich für den Gehorsam. Wenn Sie das tun, dürfen Sie mit Segen rechnen: dem Segen eines reinen Gewissens, dem Segen eines gesunden Schlafs, dem Segen der Gemeinschaft mit Gott, dem Segen von Gottes Wohlwollen. Das bedeutet nicht, dass Sie ein einfaches Leben führen werden. Aber es versichert Ihnen Gottes Hilfe. „Wer dem Herrn treu bleibt, geht durch viele Nöte, aber aus allen befreit ihn der Herr" (Psalm 34,20; GN).

Noch ein letzter Gedanke, bevor wir das Tal Sichem hinter uns lassen: Beachten Sie, wo der Altar steht – der Altar aus unbehauenen Steinen. Wo wurde er errichtet? Nicht auf dem Berg Garizim, dem Berg des Segens. Josua errichtete ihn auf dem Berg Ebal, dem Berg des Fluchs. Selbst wenn man falsche Entscheidungen getroffen hat, gibt es immer noch Gnade.

Mögen wir auf die richtige Stimme hören. Mögen wir die richtigen Entscheidungen treffen. Mögen wir Segen über Segen erfahren.

Aber wenn wir das nicht tun, dürfen wir trotzdem zum Altar auf dem Berg Ebal zurückkehren. Er wurde für Menschen wie uns errichtet.

KAPITEL 12

Beten Sie kühn

JOSUA 9–10

Als Martin Luthers Kollege krank wurde, betete der Reformator mutig um Heilung. „Ich flehte mit Feuereifer zum Allmächtigen“, schrieb er. „Ich trat ihm mit seinen eigenen Waffen entgegen und zitierte alle Verheißungen aus der Heiligen Schrift, die mir einfielen, die besagten, dass unsere Gebete erhört werden. Ich sagte ihm, er müsse meine Gebete erhören, wenn ich seinen Verheißungen auch in Zukunft Glauben schenken solle.“[1]

Ein anderes Mal war sein guter Freund Friedrich Myconius erkrankt. Luther schrieb ihm: „Ich gebiete dir im Namen Gottes zu leben, weil ich deiner noch bedarf bei meiner Arbeit, die Kirche zu reformieren. … Der Herr wird mich niemals hören lassen, dass du tot seist, sondern er wird dir erlauben, mich zu überleben. Dafür bete ich, das ist mein Wille, und möge mein Wille geschehen, denn ich trachte nur danach, dem Namen Gottes Ehre zu machen.“[2]

Als John Wesley den Atlantik überquerte, kamen ungünstige Winde auf. Er war in seiner Kabine und las, als er Unruhe an Bord bemerkte. Als er erfuhr, dass der Wind das Schiff vom Kurs abbrachte, reagierte er darauf mit Gebet. Adam Clarke, sein Kollege, hörte das Gebet und schrieb es auf.

Allmächtiger und ewiger Gott, du hast die Macht über alles und alles muss deinem Willen dienen. Du hältst den Wind in deiner Hand und thronst über den Meeresfluten und herrschst als König für immer. Befiel diesem Wind und diesen Wellen, dir zu gehorchen, und bringe uns schnell und sicher in den Hafen, in den wir gelangen möchten.

Wesley stand von seinem Gebet auf, nahm sein Buch und las weiter. Dr. Clarke ging an Deck und fand dort einen sanften Wind und das Schiff auf Kurs vor. Aber Wesley verlor kein Wort über das erhörte Gebet. Clarke schrieb: „Er rechnete so sehr damit, erhört zu werden, dass es für ihn selbstverständlich war, dass Gott ihn erhört hatte.“[3]

Wie kühn sind Ihre Gebete?

Mutig zu beten ist für viele ein unbequemer Gedanke. Wir meinen, wir müssten zurückhaltend und demütig mit Gott sprechen. Oder vielleicht mit Gott plaudern … aber Gott im Gebet auf die Nerven gehen? Den Himmel mit unseren Gebeten bestürmen? An die Tür des Allmächtigen hämmern? Mit Gott ringen? Ist ein solches Gebet nicht respektlos oder anmaßend?

Das wäre es, wenn Gott uns nicht aufgefordert hätte, genau so zu beten. „Lasst uns nun mit Freimütigkeit hinzutreten zum Thron der Gnade, damit wir Barmherzigkeit empfangen und Gnade finden zur rechtzeitigen Hilfe!“ (Hebräer 4,16; ELB).

Josua tat das – aber erst, nachdem er es *nicht* getan hatte. Sein Gebetsleben zeigt uns, was passiert, wenn wir nicht beten – aber es zeigt uns auch, wie wir beten sollen.

In den Tagen nach der Zusammenkunft bei Sichem kam eine Gruppe Fremder in Josuas Lager. Sie sagten zu ihm: „Deine ergebenen Diener kommen aus einem weit entfernten Land“ (Josua 9,9; GN). Sie stellten sich ihm als glücklose Pilger aus der Ferne vor. Alles schien ihre Geschichte zu bestätigen: Ihre Vorratssäcke, ihre Sandalen und ihre Kleidung waren abgenutzt. Sogar ihr Brot war schimmelig und vertrocknet. Sie gaben vor, Verbündete der Israeliten zu sein. Sie lobten Gottes Erfolge und baten Josua und seine Männer, ein Bündnis mit ihnen zu schließen. Josua wägte die Sache ab und seine führenden Männer stimmten schließlich zu.

Drei Tage vergingen, bis Josua merkte, dass man ihn hinters Licht geführt hatte. Diese Männer stammten nicht aus einem fernen Land, sie kamen aus Gibeon, das nur eine Tagesreise weit entfernt war. Ihre abgetragene Kleidung war nur Tarnung gewesen. Sie taten so, als seien sie Fremde, weil sie wussten, dass die Israeliten über Jericho und Ai hergefallen waren. Möglicherweise wussten sie, dass es in Gottes Gesetz besondere Regelungen für Städte gab, die außerhalb Kanaans lagen (5. Mose 20,10–12). Jede Stadt, die bereit war, Frieden zu schließen, sollte verschont werden. Weil sie Angst hatten, griffen sie auf ihren Trick zurück.

Warum erkannten Josua und seine Ältesten nicht, dass sie einer List aufsaßen? „Sie versäumten es jedoch, vorher den Herrn zu fragen“ (Josua 9,14; GN). Eigentlich sollten die Israeliten erst beten und dann handeln. Josua sollte sich „[b]ei allen wichtigen Entscheidungen … an den Priester Eleasar wenden, damit der durch die heiligen Lose meine Weisung einholt“ (4. Mose 27,21; GN).

Josua hatte genau das versäumt zu tun. Er und seine Berater gingen ein Bündnis mit dem Feind ein, weil sie Gott nicht um Rat gefragt hatten.

Wir tun gut daran, aus Josuas Fehler zu lernen. Auch unser Feind kommt in Verkleidung in unser Lager. „Sogar der Satan verstellt sich und gibt sich für einen Engel aus!“ (2. Korinther 11,14; GN). Er ist gerissen. Deshalb ist Folgendes so wichtig:

Fragen Sie Gott bei allem um Rat. Immer. Sofort. Schnell. Leben Sie mit einem Ohr an der Himmelstür. Halten Sie die Verbindung zu Gott aufrecht.

„Hast du mir diese Gelegenheit eröffnet, Gott?“

„Bist du bei dieser Sache dabei, Gott?“

„Sollte ich diesen Weg einschlagen, Gott?“

Bei jeder Entscheidung. An jeder Weggabelung. Wenden Sie sich an ihn, hören Sie auf ihn, fragen Sie ihn: „Soll ich nach links oder nach rechts gehen?“

„Verlass dich nicht auf deinen Verstand, sondern setze dein Vertrauen ungeteilt auf den Herrn! Denk an ihn bei allem, was du tust; er wird dir den richtigen Weg zeigen“ (Sprüche 3,5–6; GN).

Unsere Beziehung zu Gott ist eben genau das – eine Beziehung. Seine Einladung ist klar und einfach: „Kommt vor mein Angesicht, sucht meine Nähe!“ (Psalm 27,8; NGÜ). Und unsere Antwort darauf? „Ja, Herr, das will ich tun: ich will vor dein Angesicht treten“ (Vers 8).

Wir bleiben in ihm und er bleibt in uns. Er gibt uns Weisheit, wenn wir sie brauchen.

Ich habe einmal versucht, Denalyn so zu führen. Wir haben mithilfe des GPS auf meinem Smartphone versucht, eine bestimmte Adresse zu finden. Denalyn ist gefahren und ich habe auf die Karte geschaut. Nur so zum Spaß hatte ich mein Handy stumm geschaltet und zu Denalyn gesagt, ich würde ihr immer im richtigen Moment sagen, wo sie hinfahren musste, aber eben erst dann.

Die Idee gefiel ihr gar nicht. Sie wollte die gesamte Route auf einmal wissen. Sie wollte lieber alle Infos haben, statt alles nur stückchenweise zu erfahren.

Aber ich bestand darauf. Ich sagte: „Das ist eine gute geistliche Übung. Gott macht das bei uns doch auch so."

„Aber du bist nicht Gott."

Da hatte sie allerdings recht. Ich verriet ihr die gesamte Route.

Aber Gott macht das nicht. Er wird uns gegen den Teufel beistehen. Er wird uns zeigen, wie listig der Teufel ist. Aber wir müssen ihn immer wieder fragen, bei allem. Sein Wort ist zwar „meines Fußes Leuchte" (Psalm 119,105; LÜ), aber kein Scheinwerfer, der die gesamte Zukunft beleuchtet. Er schenkt uns genügend Licht, damit wir den nächsten Schritt gehen können.

Glorreiche Tage sind deshalb so großartig und erfolgreich, weil wir lernen, auf Gottes Stimme zu hören, die uns sagt, welchen Weg wir einschlagen sollen. „Ob dein Weg nach rechts oder links führt, wird eine Stimme hinter dir herrufen und dir ansagen: ‚Das ist der richtige Weg, den geh!'" (Jesaja 30,21; NL).

Bringen Sie jede Entscheidung vor das himmlische Gericht. Genau wie David können auch Sie Gott bitten: „Neige deine Ohren zu mir" (Psalm 31,3; LÜ). Warten Sie, bis Gott zu Ihnen gesprochen hat, bevor Sie handeln. Seien Sie geduldig. Zügeln Sie Ihren Tatendrang. „Ich will dich unterweisen und dir den Weg zeigen, den du gehen sollst; ich will dich mit meinen Augen leiten" (Psalm 32,8; LÜ). Wenn Sie ein ungutes Gefühl haben, dann hören Sie darauf, und fragen Sie Gott noch einmal. Nur so können wir die Täuschungen des Teufels übertrumpfen.

Fragen Sie Gott bei allem um Rat und:

Bitten Sie Gott um große Dinge. Josua hat genau das getan. Es zeigte sich nämlich, dass dieses Bündnis mit den Gibeonitern eine ausgesprochen problematische Angelegenheit war. In den Augen der anderen Könige Kanaans waren sie nun Verräter, woraufhin sie gemeinsam angriffen. Fünf Armeen fielen über Gibeon her. Diese waren unterlegen. Aber da sie ein Bündnis mit Josua geschlossen hatten, baten sie die Israeliten um Hilfe. Und weil er sein Wort gegeben hatte, blieb Josua nichts anderes übrig, als ihnen zu Hilfe zu eilen.

Daraufhin brachen Josua und das gesamte israelitische Heer nach Gilgal auf. „Hab keine Angst vor ihnen", sagte der Herr zu Josua, „denn ich will dir den Sieg über sie geben. Nicht ein einziger von ihnen wird gegen dich bestehen können." Josua marschierte die ganze Nacht durch und führte einen Überraschungsangriff gegen die amoritischen Heere aus. Josua 10,7–9 (NL)

Die fünf Könige hatten keine Chance. Offensichtlich hatten sie nicht damit gerechnet, dass Josua so leidenschaftlich reagieren würde. Sie machten kehrt und rannten davon, aber die Israeliten waren ihnen dicht auf den Fersen. Von hinten näherte sich ihnen Josuas Heer und über ihnen zogen finstere Gewitterwolken auf. „Riesige Hagelkörner" fielen vom Himmel, als sei das Ganze ein großflächiger Luftangriff Gottes (Vers 11).

Josua sah den Hagel und rechnete damit, dass die Sonne bald untergehen würde. *Wir brauchen mehr Zeit*, dachte er. Die Dunkelheit würde dem Feind die Gelegenheit bieten, sich neu zu formieren. Wenn er nur ein paar Stunden mehr Tageslicht hätte, könnte er die Schlacht gewinnen und seinen Feinden den entscheidenden Schlag versetzen. Also fing er an zu beten. Bei den Gibeonitern hatte er es versäumt zu beten. Diesen Fehler machte er nicht noch einmal.

An diesem Tag gab der Herr den Israeliten den Sieg über die Amoriter. Josua betete vor ganz Israel zum Herrn und er sagte: „Möge die Sonne stillstehen über Gibeon und der Mond über dem Tal von Ajalon." Da standen Sonne und Mond still, bis die Israeliten sich an ihren Feinden gerächt hatten. Wird dieses Ereignis nicht im Buch des Aufrichtigen beschrieben? Die Sonne blieb hoch am Himmel stehen. Sie ging etwa einen ganzen Tag nicht unter. Niemals vorher oder nachher hat es einen Tag gegeben, an dem der Herr eine solche Bitte eines Menschen erhörte. Denn der Herr kämpfte für Israel. Danach kehrten Josua und das israelitische Heer in ihr Lager nach Gilgal zurück. Verse 12–15

Das war ein spektakuläres Gebet! Niemals zuvor hatte jemand Gott um so etwas gebeten! Der Verfasser des Buches Josua war sich bewusst, dass seine Leser darüber schockiert sein würden, und berief sich deshalb auf das Buch der Heldenlieder (oder Buch des Aufrichtigen), eine außerbiblische Quelle mit Geschichten über die Israeliten. Damit sagte er letztlich: „Wenn du mir das nicht glaubst, dann schau doch im Buch des Aufrichtigen nach."

Der Vers, den Sie sich markieren sollten, ist Vers 14, wo es bei Luther heißt: „Und es war kein Tag diesem gleich, weder vorher noch danach, dass der Herr so auf die Stimme eines Menschen hörte …" In seiner Fürsorge drückte Gott den Pause-Knopf unseres Sonnensystems. Er entschied sich, auf Josuas Bitte einzugehen.

Kann er so etwas auch für uns tun?

Mein Freund Greg Pruett glaubt, dass Gott das tun wird. Er ist Ingenieur, Sprachwissenschaftler und Bibelübersetzer. Aber seinen größten Beitrag leistet er im Bereich „Extrembeten". In seinem Buch *Extreme Prayer* berichtet er davon, wie er aus dem westafrikanischen Guinea zurückkam, um eine neue Aufgabe als Leiter von *Pioneer Bible Translators* zu übernehmen. Es war im Jahr 2008. Die große Rezession entzog damals der Wirtschaft viel Geld – und den Menschen das Vertrauen. Die finanzielle Entwicklung der Organisation glich eher einem freien Fall in Richtung Insolvenz. Greg hatte keinerlei Erfahrung in der Leitung einer Organisation. Es gab keine Bereiche, in denen man Einsparungen hätte vornehmen können. Die Mittel waren knapp und die Spender wurden immer weniger.

Greg kannte nur eine Antwort darauf: Gebet. „Da lernte ich, dass ich nicht für meine Strategien beten, sondern das Gebet zu meiner Strategie machen musste."[4]

Im Juli schrieb er einen halbseitigen Brief an seine Teamkollegen auf der ganzen Welt und rief sie zum Gebet auf. Er forderte sie auf, mit konkreten und mutigen Bitten zu Gott zu kommen. Und genau das taten sie. Greg beschreibt die Auswirkungen in seinem Buch:

Als ich den Jahresabschluss sah, wusste ich, dass Gott unsere Gebete erhört hatte. Mir standen die Tränen in den Augen … Wenn ein Finanzexperte die Grafik analysieren müsste, würde er auf den Juli zeigen und sagen: „Was habt ihr hier gemacht? Das war genau richtig. Was immer es war, ihr müsst das noch viel mehr tun." Ich suchte vergeblich nach einer greifbaren Erklärung. Ich wollte besondere Entwicklungen ausmachen, die erklären würden, wie es geklappt hatte, damit wir es wiederholen konnten. Ich fand nichts. … Ich weiß nur, dass [Gott] *für uns sorgt. Alles, was ich fand, war Gott und das Gebet.*[5]

Vielleicht bleiben Ihnen auch nur noch Gott und das Gebet. Ihnen stehen Kämpfe bevor, genau wie Josua. Fünf Könige fallen über Sie her: Entmutigung, Verführung, Niederlage, Zerstörung, Tod. Sie lärmen in Ihren Ohren wie eine vorbeifahrende Gruppe *Hells Angels*. Und sie wollen nur eines: Sie wieder in die Wüste treiben.

Geben Sie keinen Zentimeter nach. Antworten Sie mit Gebet – mit aufrichtigem, beständigem und kühnem Gebet.

Sie sind Teil von Gottes Familie. Sie kommen nicht als Fremder zu Gott, sondern als Erbe. Treten Sie zuversichtlich vor seinen Thron. Bringen Sie Ihre Bitten aufrichtig vor – nicht wegen dem, was Sie geleistet haben, sondern wegen dem, was Christus getan hat. Jesus hat sein Blut für Sie vergossen. Deshalb können Sie Gott auch Ihr Herz ausschütten.

Jesus hat gesagt, wer Glauben hat, kann einem Berg befehlen, sich ins Meer zu werfen (Markus 11,23). Woraus besteht Ihr Berg? Was ist die Herausforderung Ihres Lebens? Bitten Sie Gott um Hilfe. Wird er tun, worum Sie bitten? Das kann ich nicht sagen. Aber ich kann Ihnen sagen, er wird tun, was das Beste für Sie ist.

Während ich dieses Buch schrieb, hatte ich die Gelegenheit, eine Israel-Reisegruppe von fünfhundert Personen zu leiten.

Eines Morgens hielten wir eine Bibelstunde auf der Südseite des Tempelberges. Die dortige Treppe ist noch ziemlich genau so wie vor 2000 Jahren, als Jesus sich hier mit seinen Jüngern versammelte.

Unsere Gruppe saß da mit der Sonne zur Linken und der Tempelmauer im Rücken. Hinter ihnen stand der Felsendom, die drittheiligste Stätte der Moslems.

Für meine Bibelarbeit hatte ich zwei Worte aus Johannes 3,16 ausgewählt: „der Einzige". Da wir dort saßen, wo auch Jesus schon gewesen war, schien es mir angebracht, über Jesu Anspruch nachzudenken, der einzige Sohn Gottes zu sein. Die Tatsache, dass wir am Fuße einer Moschee saßen, die Mohammed gewidmet war, machte den Gegensatz nur noch deutlicher.

Wenige Minuten nachdem ich mit der Bibelarbeit begonnen hatte, fing eine mysteriöse Stimme an, mich nachzuäffen. Sie klang schrill und unheimlich. Jedes Mal, wenn ich „der Einzige" sagte, machte sie mich nach und sagte auch „der Einzige". Wenn ich „Jesus" sagte, sagte die Stimme, die einen starken Akzent hatte, spottend: „Jesus." Die Störungen deuteten ganz auf einen geistlichen Kampf hin. Während ich die Botschaft von Jesus Christus verkündete, wurde dieser durch die Stimme verspottet. Während ich auf Jesu Macht hinwies, wurde diese durch die Stimme verhöhnt.

Ich merkte, dass die Stimme von einer Stelle kam, die sich noch hinter den Zuhörern befand. Suchend blickte ich an den Wänden entlang, sah aber nichts. Die Zuhörer fingen ebenfalls an, sich umzudrehen und nach dem Ursprung der Stimme Ausschau zu halten. Das Gleiche taten auch unsere Reiseleiter und die Sicherheitsleute. Niemand konnte erkennen, wo sie herkam.

Je länger ich predigte, umso lauter machte die Stimme mich nach. Da ich fürchtete, dieser seltsamen Macht die Oberhand zu lassen, wenn ich meinen Vortrag unterbrach, machte ich immer weiter. Der zweite Punkt meiner Bibelarbeit war: „Jesus Christus, der einzige Herrscher". Ich ergriff die Gelegenheit beim Schopf, und anstatt diesen Punkt zu lehren, verkündete und betete ich ihn. „Jesus ist die höchste Macht an diesem Ort und an jedem Ort. Das schließt auch alle Dämonen und Diener der Hölle mit ein, sogar Satan selbst. Du hast in unserer Mitte nichts zu suchen!" Das wiederholte ich mehrmals, bis die Zuhörer zu applaudieren anfingen und „Amen!" riefen.

Die Stimme, die mir widersprochen hatte, war plötzlich still. Sie schwieg, als hätte man einen Schalter umgelegt. Wir führten die Bibelarbeit in Ruhe zu Ende. Später fragte ich einen unserer Reiseleiter, ob man den Störenfried gefunden hatte. „Wir haben es versucht", antwortete er, „aber wir konnten ihn nicht finden." Der Leiter hatte keine Erklärung dafür.

Ich schon.

Man mag das plötzliche Verstummen dieses Spötters vielleicht dem Zufall zuschreiben. Ich tue das nicht. Für mich war es Vorsehung. Wo die Macht Christi verkündet wird, muss das Wirken Satans enden. Jede dämonische Stimme muss im Angesicht der Wahrheit verstummen.

Dazu gehört auch jede Macht, die versucht, Sie aus Ihrem verheißenen Land zu vertreiben.

Bitten Sie Gott um Hilfe. Verkünden Sie den Namen Jesu.

„Bittet, so wird euch gegeben" (Matthäus 7,7).

„Wenn ihr nur Vertrauen habt, werdet ihr alles bekommen, worum ihr Gott bittet" (Matthäus 21,22; GN).

Ja, es ist ein Kampf, aber Sie kämpfen nicht vergeblich.

Fragen Sie Gott in allem um Rat. Bitten Sie ihn um große Dinge. Und bringen Sie eine extra Flasche Sonnencreme mit, denn der Tag des Sieges dauert bis tief in die Nacht hinein.

KAPITEL 13

Seien Sie Sie selbst

JOSUA 11–22

Niemand sonst ist so wie Sie. Niemand in der gesamten Menschheitsgeschichte hat so eine Geschichte wie Sie. Niemand sonst in Gottes großartiger Schöpfung ist ein solches Geschöpf wie Sie. Niemand hat Ihre Persönlichkeit, Ihre Fähigkeiten und Ihre Abstammung. Als Gott Sie erschuf, standen die Engel staunend daneben und sagten: „So etwas habe ich ja noch nie gesehen." Und sie werden es auch nie wieder sehen.

Sie sind die erste, die endgültige Fassung Ihrer selbst, vom Himmel persönlich gemacht. Sie sind einmalig, nie da gewesen und ohnegleichen.

Deshalb können Sie etwas tun, das niemand sonst tun kann, und das auf eine Art und Weise, wie niemand sonst es tun kann.

Auch andere können ein Team leiten, aber nicht auf Ihre Art. Auch andere können kochen, aber nicht mit Ihrer ganz besonderen Note. Auch andere können Kinder unterrichten, Geschichten erzählen, Flugzeuge fliegen. Sie sind nicht der einzige Mensch, der eine bestimmte Gabe hat. Aber Sie sind der einzige Mensch mit dieser Version der Gabe. Sie sind als einzigartiges Exemplar auf diese Welt gekommen. „Du selbst hast mein Inneres gebildet, mich zusammengefügt im Leib meiner Mutter … kunstvoll gewirkt in den Tiefen der Erde" (Psalm 139,13.15; NeÜ).

Nennen Sie es, wie Sie wollen: Talent, Begabung, Fähigkeit, Salbung, göttlicher Funke, Berufung. Unterschiedliche Begriffe für ein und dieselbe Wahrheit: „Bei jedem zeigt sich das Wirken des Geistes auf eine andere Weise“ (1. Korinther 12,7; NGÜ).

Jeder von uns – nicht nur manche, einige oder die Elite unter uns. Und *jeder auf eine andere Weise* – eine Veranlagung, eine angeborene Stärke, eine Neigung oder Vorliebe. Etwas Schönes, das sich zeigen und zum Vorschein kommen muss. Wie eine Eiche in der kleinen Eichel, die gegen ihre enge Schale drückt. Und wenn Sie diese besondere Veranlagung oder Stärke einsetzen, bekommen Sie ziemlich schnell Rückenwind. Weil Sie das tun, wofür Sie geschaffen sind.

Es geht um Ihre Berufung. Die Sache, bei der Sie sich von Ihrer besten Seite zeigen. Die Ecke, an der, bildlich gesprochen, Ihre Begabung und Gottes Berufung aufeinandertreffen, ist die Kreuzung von „Straße des verheißenen Landes“ und „Allee der glorreichen Tage“. Das ist Kanaan.

Viele Menschen leben nicht ihrer Berufung gemäß. Sie geben sich mit dem Leben eines anderen zufrieden.

„Mein Großvater war Fleischer, mein Vater war Fleischer, und ich werde wohl auch Fleischer.“

„Alle, die ich kenne, sind Landwirte. Dann werde ich wohl auch Landwirt.“

Deshalb riskieren sie es, ein langweiliges, freudloses und unfruchtbares Leben zu leben. Sie werden nie das Lied singen, das Gott für ihre Stimme geschrieben hat. Sie werden nie mit hochgerissenen Armen über die Ziellinie rennen und rufen: „Genau dafür wurde ich gemacht!“

Sie fügen sich ein, passen sich an, integrieren sich. Aber

sie finden nie ihre Berufung. Machen Sie diesen Fehler nicht auch.

„Denn wir sind Gottes Schöpfung. Er hat uns in Christus Jesus neu geschaffen, damit wir zu guten Taten fähig sind, wie er es für unser Leben schon immer vorgesehen hat“ (Epheser 2,10; NL). Sie sind nicht rein zufällig hier. Ihre Begabungen wurden nicht einfach so zusammengewürfelt. „Er [Gott] hat sie ja alle erschaffen, eines jeden Herz“ (Psalm 33,15; NGÜ).

Einzigartigkeit ist ein großes Thema in der Bibel. Und es ist – und das mag Sie überraschen – ein großes Thema im Buch Josua. Man könnte sogar behaupten, dass die meisten Kapitel darin ein bestimmtes Gebot in den Vordergrund stellen: *Kenne dein Land und nimm es ein.*

Josuas erstes Ziel war es, dafür zu sorgen, dass die Israeliten in Kanaan Fuß fassten, indem sie das Land einnahmen, die feindlichen Armeen und die wichtigsten Herrschaftssitze zerstörten. Die Liste der besiegten Könige in Kapitel 12 zeigt: Das Land ist erobert. Der Rest des Buches mahnt: *Jetzt nehmt das Land in Besitz.* Jedem Stamm wurde ein bestimmtes Gebiet und/oder eine bestimmte Aufgabe zugewiesen.

Das Erbe war für jeden gedacht. Alle Israeliten waren in Kanaan willkommen – die Alten, die Jungen, die Schwachen, die Starken. Das Erbe galt allen.

Aber die Landzuteilung war individuell verschieden. Sie wird in den Kapiteln 13 bis 21 genau aufgeführt. Wenn Sie heute Abend nicht einschlafen können, dann lesen Sie diese Kapitel. Das Buch verwandelt sich hier von einem spannenden Roman zu einer geografischen Studie. Langweiliger Lesestoff – es sei denn, man ist einer der Erben.

Da alle Israeliten etwas erben sollten, waren alle ganz bei der Sache, als Josua die Landzuteilung verlas. Jeder Stamm wurde aufgerufen. Ruben. Gad. Manasse … Jedes Gebiet war anders. Judas Anteil war groß und zentral gelegen. Dans Territorium war kleiner und lag an der Küste. Sogar die Aufgabenverteilung war individuell verschieden. Den Leviten wurde kein Land zugeteilt, sondern Gott selbst sollte ihr Erbe sein. Ihre Aufgabe war es, die Gottesdienste zu leiten und die Thora zu lehren.

Die Botschaft dahinter war: *Keiner bekommt alles. Aber jeder bekommt etwas. Vertreibt die noch verbliebenen Feinde. Baut eure Häuser. Bewirtschaftet die Felder. Findet euren Platz und nehmt ihn ein.*

Josua war nicht der einzige Kommandant, der Gebiet verteilte. Auch Jesus verteilt Gaben, die einzigartig sind. Der Apostel Paulus erklärt das so: „Jedem Einzelnen von uns aber hat Christus besondere Gaben geschenkt, so wie er sie in seiner Gnade jedem zugedacht hat. Nicht ohne Grund heißt es von Christus: ‚Er ist in den Himmel hinaufgestiegen, er hat Gefangene im Triumphzug mitgeführt und den Menschen Gaben geschenkt'" (Epheser 4,7–8; Hfa). Der Apostel verwendet hier das Bild eines siegreichen Königs. Zur damaligen Zeit war es üblich, dass ein erfolgreicher Eroberer mit Gefangenen und Schätzen in sein Land zurückkehrte. Er feierte seinen Sieg, indem er den Menschen daheim Geschenke machte.

Das tat Jesus ebenfalls. Nachdem er am Kreuz die Sünde und den Tod besiegt hatte, stieg er in den Himmel auf, nahm seinen rechtmäßigen Platz zur Rechten Gottes ein und „schenkte den Menschen Gaben".

Was für ein großartiger Gedanke! Jesus wird für alle Ewigkeit gekrönt und verteilt Fähigkeiten und Gaben. „Von jetzt an gehört die Herrschaft über die Welt unserem Herrn und seinem Sohn Jesus Christus. Sie werden für immer und ewig herrschen!“ (Offenbarung 11,15; Hfa).

Josua sagte:

„Stamm Juda, ihr bekommt das Hochland.“

„Manasse, ihr wohnt in den Tälern.“

„Leute von Gad, ihr bewohnt das Land östlich des Jordans.“

Jesus sagt:

„Michael, du übernimmst deinen Platz in der Medizin.“

„Sabine, dein Gebiet ist die Buchhaltung.“

„Susanne, dir gebe ich die Gabe des Mitgefühls. Nimm dein Gebiet ein.“

Jeder bekommt eine Gabe. Und diese Gaben gibt es in verschiedenen Dosierungen und Kombinationen. „Jeder Mensch bekommt eine Aufgabe, die zeigt, wie Gott ist“ (1. Korinther 12,7; nach der englischen Übertragung *The Message*).

Unser Erbe verdanken wir Gottes Gnade und es ist für alle gleich. Aber unsere Aufgaben sind maßgeschneidert. Es gibt keine zwei Schneeflocken, die sich gleichen. Es gibt keine zwei identischen Fingerabdrücke. Warum sollte es zwei identische Begabungen geben? Kein Wunder, dass Paulus schrieb: „… versucht zu begreifen, was der Herr von euch will“ (Epheser 5,17; NL).

Wissen Sie, was Gott von Ihnen möchte? Wissen Sie, was Sie so einzigartig macht? Haben Sie erkannt, welche Eigenschaften Sie von allen anderen lebenden Menschen unterscheiden?

Sie haben „Ländereien“ zu bewirtschaften, Ihr eigenes Stück Land im Leben. „Jeder achte genau auf sein eigenes Leben und

Handeln, ohne sich mit anderen zu vergleichen" (Galater 6,4; NL).

Seien Sie Sie selbst. Niemand sonst ist so wie Sie. Stellen Sie sich irgendeine Klasse in irgendeiner Schule an einem beliebigen Tag vor. Zehn der fünfundzwanzig Schüler haben Mühe, wach zu bleiben. Die nächsten zehn sind zwar hellwach, warten aber nur auf die Pause. Und fünf Schüler sind nicht nur hellwach, sondern wollen gar nicht, dass der Unterricht endet. Sie machen sogar so seltsame Dinge wie zusätzliche Hausaufgaben oder geben Nachhilfe. Welches Unterrichtsfach fanden Sie in Ihrer Jugend so spannend, dass Sie sich besonders reingekniet haben?

„Dient einander mit den *Fähigkeiten*, die Gott euch geschenkt hat" (1. Petrus 4,10; GN; Hervorhebung des Autors). Die Fähigkeiten weisen darauf hin, wo die Berufung liegt. Was sind Ihre Fähigkeiten? Was können Sie besonders gut? Wobei wurden Sie gebeten, es noch einmal zu machen? Welche Aufgabe fällt Ihnen leicht? Welches Thema fesselt Ihre Aufmerksamkeit?

Ihre Fähigkeiten weisen Ihnen den Weg. Sie führen Sie zu Ihrem „Land". Schenken Sie Ihren Stärken Beachtung. Es sind die Krumen, die Sie aus der Wüste führen werden, wenn Sie ihnen folgen. Gott liebt Sie viel zu sehr, als dass er Ihnen eine Aufgabe gibt, aber nicht die Fähigkeiten dazu. Finden Sie Ihre Fähigkeiten heraus.

Womit Sie Ihren Lebensunterhalt verdienen, sollte zu Ihnen passen. Es gibt nur wenige Dinge, die so unbefriedigend sind wie ein Job, der nicht zu einem passt. Und doch gibt es nur weniges, das so weit verbreitet ist. Eine amerikanische Studie hat ergeben, dass nur 13 Prozent der arbeitenden Bevölkerung mit ihrem Job zufrieden sind.[1] Kein Wunder, dass die Pendler immer so mürrisch dreinblicken: Etwa 9 von 10 würden am liebsten gar nicht arbeiten gehen! Stellen Sie sich einmal vor, welchen Einfluss diese Unzufriedenheit auf die Gesundheit, die Familie und die Leistung hat. Was passiert, wenn man 40 oder mehr Stunden pro Woche mit einer Aufgabe zubringt, die man nicht mag oder die einem gleichgültig ist?

Suchen Sie sich etwas, das Sie gern tun, und werden Sie so gut darin, dass man Ihnen Geld dafür bezahlt. Zwanzig Jahre lang war ich der leitende Pastor in unserer Gemeinde. Ich beschäftigte mich mit den unterschiedlichsten Bereichen: mit den Finanzen, mit Personalfragen, mit dem Gebäude, mit Neueinstellungen und mit Entlassungen. Ich füllte diese Rolle gern aus. Aber am glücklichsten war ich, wenn ich predigen oder schreiben durfte. Meine Gedanken drehten sich immer um die nächste Predigt, die nächste Bibelstudienreihe. Selbst bei Sitzungen – *ganz besonders* bei Sitzungen – kritzelte ich Notizen für meine nächste Predigt aufs Blatt.

Als die Gemeinde wuchs, nahm auch die Zahl der Mitarbeiter zu. Mehr Mitarbeiter bedeutete mehr Menschen, die zu leiten waren. Mehr Menschen zu leiten bedeutete, mehr Zeit mit dem zu verbringen, wozu ich mich nicht berufen fühlte.

Langsam, aber sicher wurde ich zu einem der mürrischen 87 Prozent.

Glücklicherweise standen mir verschiedene Möglichkeiten offen. Und glücklicherweise arbeitete ich in einer Gemeinde, die flexibel war. Ich wurde vom leitenden Pastor zum Lehrpastor.

Als ich Lehrpastor wurde, führte das aber zu einigen Verwirrungen: „Tut es dir nicht leid, nicht länger der leitende Pastor zu sein?"

Auf Deutsch: *Bist du damit nicht zurückgestuft worden?*

Als ich noch jünger war, hätte ich das auch gedacht. Aber ich habe gelernt, Gottes Art von Beförderung zu verstehen: Beförderung heißt nicht, die Leiter hinaufzusteigen; Beförderung heißt, seiner Berufung näherzukommen. Lassen Sie sich deshalb niemals von Ihrer Berufung „wegbefördern".

Versuchen Sie, Ihren Beruf mit Ihren Begabungen in Einklang zu bringen. Das dauert vielleicht einige Zeit. Es braucht unter Umständen einige Gespräche mit Ihrem Chef. Sie müssen möglicherweise ein wenig herumprobieren … aber geben Sie nicht auf. Nicht jeder Tubabläser hat auch die Gabe, das Orchester zu leiten. Wenn Sie es können, tun Sie es. Wenn Sie es nicht können, dann blasen Sie von ganzem Herzen in Ihre Tuba.

„Lass die Gabe wieder aufleben, die Gottes Geist *in dich* gelegt hat" (2. Timotheus 1,6; GN; Hervorhebung des Autors).

Seien Sie Sie selbst. Seien Sie nicht wie Ihre Eltern oder Ihre Großeltern. Sie können sie bewundern, sie schätzen und von ihnen lernen. Aber Sie können nicht wie sie sein. „… ohne sich mit anderen zu vergleichen. Schließlich ist jeder für sein eigenes Verhalten verantwortlich" (Galater 6,4–5; NL).

Jesus lehrte das sehr eindringlich. Nach seiner Auferstehung erschien er einigen seiner Nachfolger. Er gab Petrus eine ganz spezielle pastorale Aufgabe, die große Opfer verlangte. Der Apostel zeigte daraufhin jedoch auf Johannes und wollte wissen: „‚Was ist mit ihm, Herr?' Jesus erwiderte: ‚Wenn ich will, dass er am Leben bleibt, bis ich wiederkomme, was geht das dich an? Folge du mir nach'" (Johannes 21,21–22; NL). Mit anderen Worten: Kümmere dich nicht um die Aufgaben anderer; konzentriere dich auf deine eigene.

Ein kleiner Junge namens Ben wollte so sein wie sein Freund Paul. Ben gefiel es, wie Paul redete und sich bewegte. Paul wiederum wollte so sein wie Philipp. Etwas an Philipps Tonfall und seiner Art, sich zu bewegen, faszinierte ihn. Philipp war wiederum von Tom beeindruckt. Philipp wollte so aussehen und klingen wie Tom. Tom hatte ebenfalls einen Helden, und das war ausgerechnet – Ben. Er wollte genauso sein wie Ben.

Also machte Ben Paul nach, der Philipp nachmachte, der wiederum Tom nachmachte und dieser imitierte Ben.

Alles, was Ben also tun musste, war, er selbst zu sein.[2]

Bleiben Sie in Ihrer eigenen Spur. Laufen Sie Ihr eigenes Rennen. Es kommt nichts Gutes dabei heraus, wenn Sie sich mit anderen vergleichen und mit ihnen wetteifern. Gott beurteilt Sie nicht danach, wie Sie die Gaben anderer einsetzen. Er beurteilt Sie danach, was Sie mit Ihren eigenen Gaben machen. Sein Maßstab für Ihre Treue ist, wie treu Sie mit Ihren eigenen Gaben umgehen. Sie sind nicht dafür verantwortlich, welche Gaben Sie haben. Aber Sie sind sehr wohl dafür verantwortlich, wie Sie damit umgehen.

Machen Sie es nicht wie die Israeliten. Ich wünschte, ich könnte schreiben, dass jeder Stamm zügig sein Gebiet in Besitz nahm, die dortigen Bewohner vertrieb und das Land bebaute. Das taten sie aber nicht. Manche der Stämme vertrieben die Einwohner nicht.

„Die Geschuriter und Maachatiter vertrieben die Israeliten allerdings nicht" (Josua 13,13; NL).

„Aus Geser vertrieben sie die Kanaaniter jedoch nicht" (Kapitel 16,10; GN).

„Allerdings konnten die Nachkommen Manasses diese

Städte nicht erobern. Die Kanaaniter schafften es, in diesem Gebiet zu bleiben“ (Kapitel 17,12; NL).

Auch Ihr Feind, der Teufel, ist fest entschlossen, in Ihrem Land zu bleiben. Sie müssen Ihn aber vertreiben, denn er wird versuchen, Sie mit Gedanken der Habsucht, Macht oder Eifersucht zu verführen. Seien Sie wachsam.

Andere Stämme wurden nicht Opfer der Kanaaniter, sondern ihrer eigenen Faulheit. Auch lange nach der Aufteilung des Landes blieben sieben Stämme weiterhin dort im Militärlager. Josua musste sie schließlich zurechtweisen. „Wie lange wollt ihr noch warten, bis ihr das Land in Besitz nehmt, das der Herr, der Gott eurer Vorfahren, euch gegeben hat?“ (Josua 18,3; NL).

Wie kann man sich ihre Trägheit erklären? Sie hatten die Wüste verlassen und das Land erobert. Aber als es so weit war, dass sie ihren Anteil in Besitz nehmen sollten, waren sie zu faul.

Begehen Sie nicht den gleichen Fehler. Sie sind mit Jesus Miterbe der göttlichen Ländereien. Er hat seinen Geist als Pfand in Ihr Herz gegeben. Was Gott zu Josua sagte, sagt er auch uns: „Wohin ihr auch geht, werdet ihr Land betreten, das ich euch geschenkt habe“ (Josua 1,3; NL).

Aber Sie müssen es in Besitz nehmen. Sie müssen das, was Gott Ihnen in seiner Gnade geschenkt hat, auch bewusst annehmen.

Alles, was Sie tun müssen, um Ihr verheißenes Land einzunehmen, ist, im Vertrauen an Gott festzuhalten. Also gehen Sie los! Gehen Sie vorwärts! Finden Sie Ihr Fleckchen im Leben und lassen Sie sich dort nieder.

Seien Sie Sie selbst.

KAPITEL 14

Ein von Gott erfüllter Verstand

JOSUA 14,6–15

Das Leben wird niemals frei von Sorgen sein. Niemals. Sie werden niemals abends mit dem Gedanken einschlafen: *An diesem Tag hat es wirklich auf der ganzen Welt keine Probleme gegeben.* Folgende Schlagzeile werden Sie niemals in der Zeitung lesen: „Wir haben heute nur gute Nachrichten."

Vielleicht werden Sie zum Präsidenten von Russland gewählt. Vielleicht erfinden Sie eine Methode, um Pizza per E-Mail zu verschicken, und werden Milliardär. Vielleicht holt man Sie von den Zuschauerrängen und lässt Sie im Finale der nächsten Fußball-WM den letzten Elfmeter für Deutschland schießen. Sie treffen und alle Zeitungen drucken auf den Titelseiten ein Bild von Ihnen ab.

Vielleicht lernen Schweine fliegen.

Vielleicht kann ein Känguru schwimmen.

Vielleicht gibt ein Mann freiwillig die Fernbedienung aus der Hand.

Vielleicht hören Frauen auf, Schuhe zu kaufen.

Das ist nicht sehr wahrscheinlich, aber es ist möglich.

Aber ein Leben ohne Probleme und Ärger, ein Leben, in dem nur eitel Sonnenschein herrscht?

Darauf können Sie lange warten.

Probleme treten einfach auf. Reiche Menschen, sexy Menschen, gebildete Menschen, kultivierte Menschen, alle haben Probleme. Rentner, Singles, gläubige Menschen und ungläubige – alle haben Probleme.

Alle Menschen haben Probleme.

Aber nicht alle Menschen betrachten die Probleme aus dem gleichen Blickwinkel. Manche Menschen werden von ihren Problemen überwältigt. Andere bewältigen ihre Probleme. Manche Menschen verbittern, andere wachsen daran. Manche Menschen treten ihren Problemen ängstlich gegenüber, andere voller Vertrauen in Gott.

Kaleb gehörte zu denen, die fest auf Gott vertrauten.

Seine Geschichte ragt aus der Unmenge an biblischen Geschichten heraus, weil sein Glaube so herausragend war. Als Mose 45 Jahre zuvor die zwölf Kundschafter nach Kanaan gesandt hatte, war Kaleb einer von ihnen. Er und Josua glaubten damals, dass es durchaus möglich war, das Land einzunehmen. Aber da die übrigen zehn ihnen widersprachen, landeten die Israeliten wieder in der Wüste. Doch Gott hatte Kalebs Mut bemerkt. Der Glaube dieses Mannes war so bemerkenswert, dass Gott ihm ein Kompliment machte, das einen Heiligen vor Neid erblassen lässt: „… in ihm war ein anderer Geist, er ließ sich nicht beirren und hat mir vertraut" (4. Mose 14,24; GN). Wie würden Ihnen diese Worte in Ihrem Lebenslauf gefallen? Was für ein Geist ist das, der Gottes Aufmerksamkeit erregt? Wie zeigt sich dieser „andere Geist"?

Bei der Landverteilung des Gebietes westlich des Jordans kristallisierten sich allmählich Antworten auf diese Fragen heraus.

„In Gilgal kamen die Männer des Stammes Juda zu Josua" (Josua 14,6; Hfa). Alle israelitischen Stämme waren vertreten. Alle Priester, Soldaten und das Volk waren um die Stiftshütte versammelt. Eleazar, der Priester, hatte zwei Urnen.[1] In einer befanden sich die Namen der Stämme, in der anderen die Landzuteilungen. Aber bevor das Volk sein Erbe antreten konnte, musste eine Verheißung erfüllt werden.

Unter ihnen war auch Kaleb, der Sohn Jefunnes, aus der Sippe Kenas. Er sagte zu Josua: „Du weißt, was der Herr bei Kadesch-Barnea zu Mose, dem Mann Gottes, über mich und dich gesagt hat." Vers 6

Wenn ich mir diese Szene vorstelle, dann sehe ich einen kräftigen, muskulösen Mann. Kaleb tritt vor. Er ist grauhaarig und großherzig. Er hat einen beschwingten Schritt, leuchtende Augen und will eine Verheißung einlösen. „Josua, denk daran, was Mose in Kadesch-Barnea zu dir und mir gesagt hat."

Kadesch-Barnea – der Name weckt Erinnerungen in Josua. Vor 45 Jahren hatte Mose aus diesem Lager zwölf Kundschafter losgeschickt und in diesem Lager hatte Mose zwei ganz unterschiedliche Berichte gehört.

Alle zwölf Männer waren sich einig, was den Wert des Landes anging: Es war ein Land, in dem Milch und Honig flossen. Alle zwölf waren sich auch einig, was die Beschreibung der dortigen Bewohner und Städte anging: groß und stark. Aber nur Josua und Kaleb glaubten, dass es möglich war, das Land einzunehmen.

Lesen Sie die Worte, die Kaleb am Ende des Feldzuges zu

Josua sagte, sorgfältig durch. Vielleicht finden Sie ja heraus, was an Kalebs Denkweise so anders war (kleiner Tipp: Achten Sie auf das, was nicht kursiv gedruckt ist).

[Kaleb] *sagte zu Josua: „Du weißt, was* der Herr *bei Kadesch-Barnea zu Mose, dem Mann Gottes, über mich und dich gesagt hat. Ich war damals 40 Jahre alt. Mose, der Diener* des Herrn, *hatte mich von Kadesch-Barnea als Kundschafter in dieses Land hier gesandt. Als ich ihm dann Bericht erstatten musste, war ich zuversichtlich, dass wir das Land einnehmen könnten. Aber die Männer, die mit mir zusammen dieses Gebiet erkundet hatten, jagten dem Volk Angst ein. Ich dagegen vertraute ganz* dem Herrn, *meinem Gott. Mose hat mir damals geschworen: ‚Das Land, in das du vorgedrungen bist, wird dir und deinen Nachkommen für immer gehören, weil du dich fest auf* den Herrn, *meinen Gott, verlassen hast.‘ Nun hat mich* der Herr *tatsächlich am Leben erhalten, wie er es versprochen hat. Fünfundvierzig Jahre sind vergangen, seit* der Herr *dies zu Mose gesagt hat. In dieser langen Zeit sind wir Israeliten in der Wüste umhergezogen. Heute bin ich 85 Jahre alt und noch genauso stark wie damals als Kundschafter. Ich habe die gleiche Kraft und kann immer noch kämpfen und Kriegszüge unternehmen. Teile mir das Bergland zu, das* der Herr *mir damals versprochen hat! Du weißt, dass dort Anakiter in großen Städten leben, die sie zu Festungen ausgebaut haben. Vielleicht wird* der Herr *mir helfen, sie zu vertreiben, wie er es zugesagt hat.“* Verse 6–12

Welcher Name kommt in Kalebs Rede wieder und wieder vor? *Der Herr. Der Herr. Der Herr. Der Herr. Der Herr. Der Herr. Der*

Herr. Der Herr. Achtmal „der Herr"! Wer war in Kalebs Gedanken? Wer war in seinem Herzen? Woher kam der andere Geist, der bei Kaleb festzustellen war? Seine Gedanken kreisten um Gott.

Und bei Ihnen? Welchen Schwerpunkt hätte eine Abschrift Ihrer Gedanken? Gott? Oder das Problem, das Problem, das Problem, das Problem? Die Wirtschaftslage, die Wirtschaftslage? Dieser Blödmann, dieser Blödmann?

Menschen, die im verheißenen Land leben, leugnen nicht, dass es Probleme gibt. Kanaan ist voller Riesen und Jerichos. Es wäre nicht gut, so zu tun, als sei das nicht so. Diener wie Kaleb sind nicht naiv, aber sie füllen ihren Verstand mit Gedanken an Gott.

Stellen Sie sich zwei Schüsseln vor. In einer ist frisches, sauberes Wasser, in der anderen Batteriesäure. Nehmen Sie jetzt einen Apfel, halbieren Sie ihn und legen je eine Hälfte in die Schale mit dem sauberen Wasser und in die mit der Batteriesäure. Lassen Sie die Hälften fünf Minuten lang in den beiden Schüsseln liegen und holen Sie sie dann heraus. Welche Hälfte möchten Sie essen?

Ihr Verstand ist wie ein Apfel. Gott ist sauberes Wasser. Probleme sind Batteriesäure. Wenn Sie Ihren Verstand in Ihren Problemen „einlegen", werden diese irgendwann Ihre Gedanken zerfressen und zerstören. Aber Gedanken an Gott werden Ihre Einstellung konservieren und auffrischen. Kaleb war anders, weil er seinen Verstand mit Gedanken an Gott füllte.

Der Psalmist zeigt uns, wie das aussehen kann. Er fragte: „Warum bist du so bedrückt, meine Seele? Warum stöhnst du so verzweifelt?" (Psalm 42,6; NGÜ). Er war traurig und mutlos.

Die Kämpfe des Lebens zogen ihn herunter und drohten, ihn zu vernichten. Gerade noch rechtzeitig traf der Verfasser eine Entscheidung: „Auf Gott will ich hoffen, denn eines Tages werde ich ihn wieder loben … darum denke ich an dich aus dem Land am Jordan und dem Hermongebirge, auf dem Berg Misar" (Verse 6–7; NL).

In diesen Worten klingt Entschlossenheit mit. „Ich will … ich werde …" Der Verfasser hat sich bewusst dafür entschieden, sein betrübtes Herz mit Gedanken an Gott zu füllen. „Wo auch immer ich bin, werde ich an dich denken – vom Jordan bis zum Hermon und dem Berg Misar."

In Ihrem Fall müsste der Vers dann heißen: „Von der Intensivstation bis zum Friedhof, vom Arbeitsamt bis zum Gerichtssaal werde ich an dich denken."

Das ist nicht leicht. Probleme prasseln auf uns herab wie der Regen in einem Gewitter. Gott in den Sturmböen zu entdecken fordert Ihnen auch das letzte bisschen Disziplin ab, das Sie aufbringen können. Aber das Ergebnis ist die Anstrengung wert. Und außerdem: Wollen Sie wirklich die ganze Zeit über Ihrem Elend brüten? Werden Sie zu einem besseren Menschen, wenn Sie ständig Ihre Probleme aufzählen? Nein. Aber wenn Sie Ihre Denkweise ändern, wird Sie das zu einem besseren Menschen machen.

„Lasst es nicht zu, dass eure Herzen völlig verschreckt oder vor Angst ganz schwach werden" (Johannes 14,27; Das Buch). Füllen Sie Ihren Verstand stattdessen mit Gedanken an Gott.

Wenn wir mit Schwierigkeiten konfrontiert werden, können wir entweder verstört und verschreckt reagieren, oder wir können auf Gott vertrauen. Kaleb hätte allen Grund gehabt, Gott zu verfluchen. Er hatte die langen Jahre in der Wüste nicht verdient. Und er musste seine Träume vier Jahrzehnte lang auf Eis legen. Trotzdem jammerte er nicht und war auch nicht verbittert. Als er schließlich sein Erbe antreten konnte, waren seine Gedanken mit Gott erfüllt – und er nahm sein Erbe an.

„Konzentriert eure Gedanken auf ihn [Gott]“ (Kolosser 3,2; NL). Wenn Ihr Land von Riesen überrannt wird, wenn Zweifel Sie überkommen, dann richten Sie Ihre Gedanken auf Gott. Ihre besten Gedanken sind Gedanken an Gott.

Er steht über all diesem Chaos!

Er ist „der Höchste in aller Welt“ (Psalm 83,19; GN).

Mose verkündete: „Herr, wer unter allen Göttern ist dir gleich? Wer ist wie du, herrlich und heilig?“ (2. Mose 15,11; Hfa).

Der Psalmist fragte: „Denn wer im Himmel ist dir gleich? Kein himmlisches Wesen ist so mächtig wie du!“ (Psalm 89,7; Hfa).

Jesaja schrieb: „Heilig, heilig, heilig ist der Herr, der allmächtige Gott! Seine Herrlichkeit erfüllt die ganze Welt“ (Jesaja 6,3; Hfa). Gott ist nicht bloß heilig oder heilig, heilig; er ist heilig, heilig, heilig. Er ist so ganz und gar anders als wir.

Ihn quält kein Schmerz.

Ihn beunruhigt die Wirtschaftslage nicht.

Ihn stört das Wetter nicht.

Er definiert sich nicht über Wahlergebnisse.

Er steckt sich mit keiner Krankheit an.

Der Tod hat keine Macht über ihn.

Er hat Mittel, die wir nicht haben, und eine Weisheit, wie wir sie uns nicht vorstellen können. Und er „kann viel mehr tun, als wir jemals von ihm erbitten oder uns auch nur vorstellen können“ (Epheser 3,20; Hfa).

Starren Sie weniger auf den Berg, als vielmehr auf den, der Berge versetzt. Beschäftigen Sie sich mit Gottes Heiligkeit. Lassen Sie sich von seiner Herrlichkeit inspirieren und zum Staunen bringen. Und:

Stellen Sie sich Zweiflern gegenüber taub. Ignorieren Sie die Neinsager. Halten Sie sich die Ohren zu, wenn die Pessimisten loslegen. Die Menschen haben das Recht zu sagen, was sie sagen wollen. Und Sie haben das Recht, nicht hinzuhören. Nur weil jemand in Moll singt, müssen Sie ja nicht gleich in sein Lied mit einstimmen.

Kaleb und Josua wurden zehn zu zwei überstimmt, aber sie glaubten trotzdem an Gottes Macht. „Die Männer, die mit mir das Land erkundet hatten, machten dem Volk Angst; aber ich ließ mich nicht beirren und habe dem Herrn, meinem Gott, vertraut" (Josua 14,8; GN).

Wir sollten von Kaleb lernen und dem tödlichen Unglauben der Zyniker keine Beachtung schenken.

Damit will ich jedoch weder Grobheit noch Ausgrenzung rechtfertigen. Wenn Menschen aufrichtig von ihren Kämpfen oder Fragen erzählen, sollten Sie ihnen helfen. Aber manche Menschen wollen sich nicht helfen lassen. Sie leben lieber in der Wüste. Sie handeln mit Elend, produzieren Unzufriedenheit und verachten Weiterentwicklung. Diese Menschen möchten Sie lieber runterziehen, als sich von Ihnen hochziehen zu lassen. Lassen Sie das nicht zu. Hängen Sie nicht bei den Geiern herum. Sie ernähren sich vom Tod und kotzen sich bei jedem aus, der ihnen sein Ohr schenkt. Lassen Sie sich nicht von ihnen zumüllen.

Kaleb hat das nicht getan. Er füllte seine Gedanken mit

Glauben und hat sich einer Herausforderung gestellt, die nur Gott meistern konnte.

Als Mose Kaleb aussandte, das Land zu erkunden, sah Kaleb etwas, das ihm Sorgen bereitete: die Stadt Hebron. Hebron nimmt in der Geschichte Israels einen ganz besonderen Platz ein. Es war das einzige Fleckchen Land, das Abraham je besessen hatte. Abraham begrub dort seine Frau. Er selbst war ebenfalls dort begraben. Und auch Isaak, Rebecca und Jakob.

Hebron war ein heiliger Ort.

Aber dieser heilige Berg wurde von unheiligen Menschen bewohnt. Das störte Kaleb sehr. Er konnte es nicht ertragen zu sehen, dass Abrahams Grab geringgeschätzt wurde.

Deshalb bat Kaleb Mose um Hebron.

Kaleb bat nicht um Jerusalem am Berg Moria. Er bat auch nicht um das Eschkol-Tal, wo Trauben wuchsen, die so groß waren wie Pflaumen. Er sprach nicht von Jericho oder vom Jordan. Er wollte Hebron. Das Hebron, unter dessen Eichen Abraham geschlafen hatte. Über dessen Boden Engel gegangen waren. In dessen Erde die für ihn heiligste Familie begraben lag.

Kaleb, der Mann mit dem anderen Geist, hatte einen heimlichen Wunsch: „Gib mir einfach Hebron. Ich kümmere mich darum.“ Mose brachte die Bitte vor Gott. Gott gab ihm die Antwort und Kaleb erhielt das Land. Und 45 Jahre später, im Alter von 85 Jahren, war der alte Soldat bereit, Hebron einzunehmen. „Darum gib mir nun als meinen Anteil das Bergland, von dem der Herr gesprochen hat“ (Josua 14,12; GN).

Als man Kaleb zum letzten Mal sah, wandte er sich Richtung Hebron, wo er das tat, was er versprochen hatte: Er vertrieb den Feind und eroberte die Stadt zurück.

Kaleb wollte etwas Großes für Gott tun. Er lebte mit einer großen Berufung.

Wie groß ist Ihre Berufung? Vielleicht kommen Ihnen Ihre Probleme deshalb so groß vor, weil Ihre Berufung zu klein ist. Vielleicht müssen Sie *Ihre Gedanken auf ein heiliges Ziel richten.*

Ich habe einen Freund, der regelmäßig Missionseinsätze in einer Klinik im Dschungel macht, um dort benachteiligte Menschen zu behandeln. Er ist Chirurg im Ruhestand und hat ein gutes Auskommen. Er könnte jeden Tag seines Lebens im Luxus leben. Aber zu seinem eigenen Wohl unterstützt er diese Klinik. „Ich brauche ein Ziel, das größer ist als Kabelfernsehen und dicke Autos", sagte er. „Wenn ich mich auf meinen eigenen Luxus konzentriere, kann nichts mich wirklich befriedigen. Aber wenn ich mich auf Gottes Sache konzentriere, bin ich ein glücklicher Mensch." Auch der Geist meines Freundes ist mit Gedanken an Gott erfüllt – und das bestimmt sein Handeln.

Wenn Sie große Probleme haben, ist Ihr Ziel zu klein. Wenn Sie ein großes Ziel verfolgen, werden die Probleme kleiner.

Haben Sie ein heiliges Ziel? Einen Glauben, der es wert ist, erhalten zu werden? Einen Auftrag, für den es sich zu leben lohnt? Bitten Sie Gott um ein Hebron, das Sie zu seiner Ehre erobern können. Ein Waisenhaus, das Sie unterstützen können. Einen Nachbarn, den Sie ermutigen können. Eine bedürftige Familie, die Sie ernähren können. Eine Klasse, die Sie unterrichten können. Alte Menschen, die Sie ermutigen können. Es ist wirklich besser zu geben, als zu nehmen. In Gottes Reich kommen wir durch Geben zu Reichtum, nicht durch Nehmen. Wir kommen weiter, wenn wir anderen helfen, nicht wenn wir sie verletzen. Wir kommen voran, wenn wir dienen, nicht wenn wir fordern. Wollen Sie sehen, wie sich Ihre Probleme in Luft auflösen? Dann helfen Sie anderen, ihre Probleme in den Griff zu bekommen.

Sie werden immer mit Problemen konfrontiert werden. Aber Sie müssen sich ihnen nicht mehr so stellen wie früher.

Füllen Sie Ihren Verstand mit Gedanken an Gott.

Stellen Sie sich Zweiflern gegenüber taub.

Richten Sie Ihre Gedanken auf ein heiliges Ziel aus.

Wenn Sie den Berg, den Sie erobern wollen, einmal gefunden haben, kann kein Riese Sie mehr davon abhalten. Sie werden nicht zu alt sein und kein Problem wird Sie in die Knie zwingen. Schließlich haben Sie etwas mit Kaleb gemeinsam: In Ihnen wohnt ein anderer Geist.

Sie sind ein Bewohner des verheißenen Landes.

KAPITEL 15

Kein Wort fällt unter den Tisch

JOSUA 21,43–45

Ich saß bequem in meinem Sitz im Flieger, als ein Passagier den Gang entlangkam und meinen Namen rief. Erstaunt blickte ich ihm entgegen. Es war ein hochgewachsener Mann mit lichtem Haarwuchs, der wohl um die fünfzig war und auf Geschäftsreise zu sein schien. Er stellte sich mir vor. Wegen des Durcheinanders beim Einsteigen konnten wir uns nicht weiter unterhalten. Aber Folgendes konnte ich seinen Worten entnehmen: Er hatte vor einigen Jahren einen Vortrag von mir gehört, meine Bücher hatten ihm gefallen und er würde sich gern einmal mit mir unterhalten.

Ich erwiderte seinen Gruß und machte es mir für den Flug bequem. Etwa eine Stunde später spürte ich, wie jemand mir auf die Schulter tippte. Ich drehte mich um. Es war der Mann, der mich eingangs begrüßt hatte. Er hatte etwas auf eine Papierserviette gekritzelt und gab sie mir.

Max,
vor sechs Jahren haben meine Frau Lynne und ich unsere 24-jährige Tochter beerdigt. Sie war nach einem Badeunfall verstorben, nachdem sie noch zwei Wochen lang künstlich beatmet worden war. Das Unglück war völlig überraschend über uns

hereingebrochen. Denn wie kann man zu viert in den Sommerurlaub fahren und dann nur noch zu dritt zurückkommen?

Freunde, von denen manche auch schon ein Kind verloren hatten, unterstützten unsere Familie, noch während unsere Tochter im Koma lag. Ein Rechtsanwalt war mit der mutmachenden Aussage „Gott will euer Bestes, er will euch nicht schaden“, eine dieser ermutigenden Stimmen. Lynne und ich bekamen auch einige Ihrer Bücher geschenkt …

Wir baten Gott um ein Wunder. Ich wollte, dass sie wieder gesund würde, wieder lächelte und strahlte. Die lebenserhaltenden Maßnahmen bei unserer Tochter zu beenden war sehr, sehr schwer. Obwohl es eine schmerzhafte Entscheidung war, waren wir uns sicher, dass es richtig war, sie in die Hände eines allmächtigen Gottes zu legen. Er wusste um unseren Schmerz.

Das Beste, was Gott für uns tat, war vielleicht nicht, uns Erin zurückzugeben, sondern Lynne und mir zu helfen, sie ihm zu überlassen. Er tat für unsere Tochter etwas noch Besseres, als sie wieder zum Leben zu erwecken: Er hat sie zum ewigen Leben in seiner Gegenwart erweckt. Das ist das Beste, was er tun konnte!

Das war kein oberflächlicher Trost, es war unsere tiefste Überzeugung: „Überlasst mir Erin. Sie ist jetzt bei mir.“

Gottes Kinder, die für uns das Wesen Gottes widerspiegelten, waren seine Gegenwart in unserem Leben. Unser Glaube trägt uns durch das alles hindurch.

Glaube ist eine Entscheidung.[1]

Ich las das Zeugnis auf der Serviette mehrmals. Ich wollte wissen, wie so etwas möglich ist. Wie kann ein Vater seine Tochter beerdigen und doch glauben, aus tiefstem Herzen glauben, dass

Gott ihm nicht schaden, sondern sein Bestes wollte? Dass er seine Tochter in seine liebenden Arme geschlossen hatte? Dass Gott sein größtes Werk im Leben von Menschen tat, deren Herzen gebrochen waren? Auf der Serviette hätte auch gut etwas ganz anderes stehen können. Es hätte eine Botschaft voller Wut und Bitterkeit sein können, voller Enttäuschung und Verzweiflung, voller Verletztheit, ja sogar voller Hass gegen Gott. Warum war diese Botschaft so anders?

Ganz einfach: Der trauernde Vater vertraute Gottes Verheißungen. „Glaube ist eine Entscheidung", war sein letzter Satz.

So ist es.

Und Bewohner des verheißenen Landes gehen das Wagnis dieser Entscheidung ein. Am Scheideweg zwischen Glaube und Unglaube entscheiden sie sich für den Glauben. Sie machen auf dem Weg des Glaubens einen entschlossenen Schritt nach dem anderen. Meistens springen sie dabei nicht fröhlich, sondern hinken sogar eher. Sie treffen eine bewusste Entscheidung für Gott, eine bewusste Entscheidung dafür, sich auf die Hoffnung zu verlassen und auf den Ruf des Himmels zu hören. Sie klammern sich an Gottes Verheißungen fest.

Josuas Geschichte drängt uns, das auch zu tun. Man könnte sogar sagen, dass man das zentrale Thema des Buches in den folgenden Worten zusammenfassen könnte: *Gott hält seine Versprechen. Vertrau ihm.*

So gab der Herr den Israeliten das ganze Land, das er den Vorfahren des Volkes versprochen hatte, und sie eroberten es und ließen sich darin nieder. Und der Herr gab ihnen Frieden ringsum, wie er es ihren Vorfahren geschworen hatte. Keiner ihrer Feinde konnte gegen sie bestehen, denn der Herr schenkte ihnen den Sieg über sie. Nicht eine einzige Verheißung, die der Herr Israel gegeben hatte, blieb unerfüllt. Sie trafen alle ein. Josua 21,43–45 (NL)

Diese drei Verse sind das theologische Herzstück des Buches Josua. Wie Trompeten erklingen sie am Ende des Berichtes. „Achtung! Alle aufgepasst! Gott hält sein Wort!" Der Verfasser hämmert es uns gleich dreimal ein. In drei Versen erklärt er dreimal: „Gott tat, was er versprochen hatte zu tun."

So gab der Herr … das ganze Land, das er … versprochen hatte. Vers 43

Und der Herr gab ihnen Frieden ringsum, wie er es ihren Vorfahren geschworen hatte. Vers 44

Nicht eine einzige Verheißung … blieb unerfüllt. Sie trafen alle ein. Vers 45

Der Verfasser eines Bibelkommentars war so ergriffen von dieser letzten Aussage, dass er seinen Ausführungen zum Buch Josua die Überschrift *No Falling Words* gab – *Kein Wort fällt unter den Tisch.*[2]

Wir leben in einer Welt, in der Menschen vieles unter den Tisch fallen lassen – in einer Welt voller gebrochener Versprechen, leerer Versprechungen. Worte werden gegeben und wieder zurückgenommen. Dinge werden zugesichert und dann übergangen. Worte voller Pathos: „Ich werde dich immer lieben." „Verlassen Sie sich darauf, dass wir gute Arbeit belohnen." „Bis dass der Tod uns scheidet."

Aber Worte purzeln aus unserem Mund, wie Herbstlaub im kalten Novemberwind fällt. Sie haben es oft genug selbst erlebt.

Aber bei Gott wird das nie passieren. In einer Welt leerer Worte kann man sich auf seine verlassen. In einem Leben voller gebrochener Versprechen hält er seine. „Auf die Worte des Herrn ist Verlass, sie sind rein und echt wie Silber, das im Schmelzofen siebenmal gereinigt wurde“ (Psalm 12,7; GN).

Gott ist ein Gott, der seinen Bund hält.

Beweis gefällig? Der Verfasser des Buches Josua fordert uns auf, einen Blick in die Vergangenheit zu werfen. „Der Herr gab den Israeliten das ganze Land, das er ihren Vorfahren mit einem Eid zugesagt hatte“ (Josua 21,43; GN). Gott hatte insbesondere Abraham ein Versprechen gegeben: „Dort erschien dem Abram der Herr und sagte zu ihm: ‚Deinen Nachkommen will ich dieses Land geben!‘“ (1. Mose 12,7; GN).

Das war 600 Jahre vor den Ereignissen um Josua gewesen! Wer hätte damals geglaubt, dass es wirklich passieren würde? Als Abraham starb, war das einzige Stückchen Land, das er besaß, Sarahs Grab. Seine Nachkommen waren in Ägypten 400 Jahre lang bestenfalls Landpächter und schlimmstenfalls Sklaven. Mose führte sie bis an die Grenze zu Kanaan, aber nicht hinein.

Wie viele graubärtige Söhne Abrahams mochten wohl zu den Sternen aufgesehen und gebetet haben: „Gott, wirst du dein Wort halten?“

Die Antwort auf den Seiten des Buches Josua ist ein Ja.

Gott hatte versprochen, Abraham zu segnen und durch seine Nachkommen alle Völker der Erde. „Ich will dich segnen und du sollst in der ganzen Welt bekannt sein. Ich will dich zum Segen für andere machen. Wer dich segnet, den werde ich auch segnen. Wer dich verflucht, den werde ich auch verfluchen. Alle Völker der Erde werden durch dich gesegnet werden" (1. Mose 12,2–3; NL). Diese Verheißung erfüllte sich im Buch Josua teilweise. Und sie wurde vollständig erfüllt durch Jesus. Durch ihn wurden alle Völker gesegnet. Durch Jesus bekommt jeder Mensch Hoffnung und die Möglichkeit, gerettet zu werden. Kein Wunder, dass der Apostel Paulus über Jesus schrieb: „Denn in ihm erfüllen sich alle göttlichen Zusagen" (2. Korinther 1,20; NL).

Unser Gott ist ein Gott, der seine Versprechen hält. Andere geben vielleicht ein Versprechen und vergessen es wieder. Aber wenn Gott etwas verspricht, hält er es auch, „denn Gott steht treu zu seinen Zusagen" (Hebräer 10,23; NL).

Ist das wichtig? Hat Gottes Integrität wirklich irgendwelche konkreten Auswirkungen auf Ihr Leben? Spielt seine Treue eine Rolle? Wenn Ihre Tochter künstlich beatmet wird, dann schon. Wenn Sie auf der Intensivstation unruhig auf und ab gehen, dann schon.

Wenn Sie sich fragen, was Sie angesichts des schlimmsten Albtraums aller Eltern tun sollen, müssen Sie sich entscheiden: Glaube oder Angst? Gottes Wille oder blinder Zufall? Ein Gott, der alles weiß und für uns sorgt, oder ein Gott, der gar nicht da ist? Wir alle entscheiden uns.

Bewohner des verheißenen Landes entscheiden sich dafür, Gottes Verheißungen zu glauben. Sie entscheiden sich, darauf zu vertrauen, dass Gott etwas Gutes im Sinn hat, auch wenn alles, was sie sehen, schlecht ist. Sie singen:

Sein Eid, sein Bund, sein Blut
Geben mir Halt in der drückenden Flut.[3]

Nichts hat unsere Aufmerksamkeit so sehr verdient wie Gottes Bündnisse. Keine anderen Worte werden Ihrem Leben je so viel Halt geben wie die Verheißungen Gottes. Kennen Sie sie?

Für die Trauernden: „Die Nacht ist noch voll Weinen, doch mit dem Morgen kommt die Freude" (Psalm 30,6; NL).

Für die in Not: „Wer dem Herrn treu bleibt, geht durch viele Nöte, aber aus allen befreit ihn der Herr" (Psalm 34,20; GN).

Für die Kranken: „Wenn Krankheit sie niederwirft, steht der Herr ihnen bei und hilft ihnen wieder auf" (Psalm 41,4; GN).

Für die Einsamen: „Musst du durchs Wasser gehen, so bin ich bei dir" (Jesaja 43,2; GN).

Für die Sterbenden: „Im Haus meines Vaters gibt es viele Wohnungen, und ich gehe jetzt hin, um dort einen Platz für euch bereit zu machen" (Johannes 14,2; GN).

Für die, die versagt haben: „Meine Gnade ist alles, was du brauchst" (2. Korinther 12,9; NL).

Diese Verheißungen haben nur Ihr Bestes im Sinn. „Durch ihn haben wir wertvolle, unüberbietbare Zusagen erhalten: Wir sollen der Vernichtung entrinnen, der diese Welt durch ihre Leidenschaften verfallen ist, und an der göttlichen Unsterblichkeit teilhaben" (2. Petrus 1,4; GN).

Halten Sie sich an Gottes Verheißungen fest. Wenn Ängste aufkommen, dann reagieren Sie darauf doch einmal mit dem Gedanken: „Aber Gott hat gesagt …" Wenn Ihnen Zweifel kommen: „Aber Gott hat gesagt …" Wenn Schuldgefühle an Ihnen nagen: „Aber Gott hat gesagt …"

Sprechen Sie diese Worte vertrauensvoll aus: „… du hast mich erlöst, Herr, du treuer Gott“ (Psalm 31,6; EÜ). Beschäftigen Sie sich immer wieder mit Gottes Verheißungen. Durchforsten Sie die Bibel wie ein Goldsucher, der nach Gold schürft. Und wenn Sie einen kleinen Goldklumpen gefunden haben, halten Sie ihn gut fest. Vertrauen Sie darauf. Bringen Sie ihn zur Bank.

Tun Sie damit das Gleiche, was ich mit dem Versprechen eines Piloten getan habe.

Kurz nachdem ich jenen Mann getroffen hatte, der mir sein Zeugnis auf einer Papierserviette gab, war ich wieder einmal mit dem Flieger unterwegs. Diesmal war ich nicht mit den bewegenden Worten eines Menschen konfrontiert, sondern mit schlechtem Wetter. Der Flug nach Houston hatte wegen eines Sturms Verspätung. Wir landeten genau zu dem Zeitpunkt, als der Anschlussflug nach San Antonio starten sollte. Als wir im Flieger Richtung Ausstieg drängten, sah ich auf die Uhr, überlegte, ob ich im Hotel übernachten sollte, und stellte mich darauf ein, Denalyn anzurufen, um ihr von meinem schlechten Tag zu erzählen und über die Verspätung zu meckern.

Dann erklang über Lautsprecher ein Versprechen: „Hier spricht Ihr Flugkapitän. Ich weiß, dass viele von Ihnen Anschlussflüge erreichen müssen. Sie können beruhigt sein, Sie werden alle Anschlüsse erwischen. Ihre Flugzeuge warten auf Sie. Sie bekommen Ihre Plätze.“

Na gut, dachte ich, *er würde das nicht sagen, wenn es nicht stimmt*. Also beschloss ich, seinem Versprechen zu vertrauen.

Ich rief Denalyn nicht an.

Ich dachte nicht weiter über Hotels nach.

Ich sah nicht mehr auf die Uhr.

Ich beruhigte mich. Ich wartete, bis ich dran war mit Aussteigen, und schaute zum Ausgang. Voller Vertrauen marschierte ich die Gänge entlang. Hatte der Pilot es nicht versprochen?

Andere Reisende hatten nicht so viel Glück. Sie waren ebenfalls Opfer des schlechten Wetters und wurden panisch. Bleiche, besorgt dreinschauende Reisende stolperten übereinander. Ihre Mienen verrieten ihre Angst.

Schade, dass ihr Pilot nichts zu ihnen gesagt hatte. Oder vielleicht hatte er das, aber sie hörten nicht auf ihn.

Ihr göttlicher Pilot hat mit Ihnen gesprochen. Hören Sie auf ihn. Ich meine, hören Sie *wirklich* auf ihn. Lassen Sie sich von seinen Verheißungen umgeben wie von der Sonne an einem warmen Sommertag. Wenn alle um Sie herum in Panik ausbrechen, dann entscheiden Sie sich für den Weg des inneren Friedens. In einer Welt voller leerer Worte und gebrochener Versprechen: Tun Sie sich selbst etwas Gutes und halten Sie an Gottes Verheißungen fest.

Mein Freund Wes hat genau das getan. Sie können lange suchen, bis Sie einen besseren Menschen finden als Wes Bishop. Er hatte ständig ein Lächeln auf den Lippen, einen warmen Händedruck und eine echte Schwäche für Eis. Über 35 Jahre arbeitete er bei derselben Firma, war mit derselben Frau verheiratet, ging in dieselbe Gemeinde und wohnte im selben Haus. Er war eine Säule der kleinen Gemeinschaft im texanischen Sweetwater. Er zog drei Enkel groß, von denen einer meine Tochter Jenna heiratete. Wes hatte keinen Tag an seiner Arbeitsstelle gefehlt – bis bei ihm vor einigen Monaten ein Hirntumor diagnostiziert wurde.

Er bat Gott, den Tumor wegzunehmen. Eine Zeit lang schien

es, als hätte Gott das getan. Aber dann kehrten die Symptome zurück, stärker als zuvor. Innerhalb weniger Wochen war Wes bettlägerig und musste zu Hause gepflegt werden.

Seine Söhne hielten abwechselnd Nachtwache bei ihm, damit ihre Mutter sich ausruhen konnte. Sie stellten ein Babyphone an sein Bett. Er hatte zwar seit Tagen kaum ein Wort gesprochen, aber sie wollten hören, wenn er rief.

Eines Nachts rief er – aber nicht um Hilfe, sondern nach Jesus. Etwa um ein Uhr nachts hörte der jüngste Sohn die kräftige Stimme seines Vaters übers Babyphone. „Jesus, ich danke dir für mein Leben. Du hast es gut mit mir gemeint. Und ich will dir nur sagen, wenn du bereit bist, mich zu dir zu holen, bin ich auch bereit zu gehen." Es zeigte sich, dass das Wes' letzte Worte waren. Zwei Tage später nahm Jesus ihn zu sich.

So einen Glauben will ich auch. Einen Glauben, der sich in der dunkelsten Stunde an Gott wendet, der Gott lobt, selbst wenn der Körper schwach ist. Einen Glauben, der auf Gottes Verheißungen vertraut. Einen Glauben, der in einem Flugzeug auf eine Papierserviette schreibt: „Glaube ist eine Entscheidung und ich entscheide mich dafür zu glauben."

Was ist mit Ihnen?

KAPITEL 16

Gott kämpft für Sie

JOSUA 23

Nadin Khoury war dreizehn Jahre alt, 1,58 Meter groß und wog mit Kleidern und Schuhen gerechnet vielleicht gerade mal 45 Kilo.

Seine Angreifer waren Teenager, größer als Nadin, und sie waren ihm zahlenmäßig sieben zu eins überlegen.

Eine halbe Stunde lang schlugen und traten sie auf ihn ein.

Er hatte nicht die geringste Chance.

Nadins Mutter war kurz zuvor mit der Familie von Minnesota nach Philadelphia gezogen. Sie hatte ihre Stelle als Zimmermädchen verloren und war auf Stellensuche. 2000 war sie aus dem vom Krieg zerrissenen Liberia geflohen. Nadin Khoury war damals der Neue in einem recht schwierigen Viertel und seine Mutter eine arbeitslose Asylantin – „gute“ Gründe, mit denen eine Horde Schlägertypen einen Überfall rechtfertigte.

Die Schikanen hatten schon einige Wochen zuvor angefangen. Sie verspotteten ihn. Sie beschimpften seine Mutter. Sie schubsten ihn ständig und lauerten ihm mit schöner Regelmäßigkeit auf. Und dann kam dieser brutale Überfall an einem Tag im Januar. Sie schleiften ihn durch den Schnee, hoben ihn auf einen Baum und hängten ihn an einem zwei Meter hohen gusseisernen Zaun auf.

Nadin überlebte den Überfall und wäre wahrscheinlich weiteren Angriffen ausgesetzt gewesen, wenn nicht einer der Schläger so dumm gewesen wäre, das Ganze zu filmen und auf YouTube zu stellen. Ein Passant beobachtete die Gewalttat, griff ein und verjagte die Schläger. Polizisten waren ebenfalls zur Stelle und wurden aktiv. Die Angreifer kamen ins Gefängnis und die Geschichte in die Zeitungen.

Ein Mitarbeiter der Morgensendung *The View* las den Zeitungsbericht und lud Nadin in die Sendung ein. Als das Video des Angriffs auf der Leinwand gezeigt wurde, versuchte er, tapfer zu sein, aber seine Lippen bebten. „Nächstes Mal könnte es vielleicht jemanden erwischen, der kleiner ist als ich", sagte er.

Was er nicht wusste, war, dass die Verantwortlichen noch andere Einwohner von Philadelphia in die Sendung eingeladen hatten. Als das YouTube-Video zu Ende war, öffnete sich der Vorhang und drei riesige Männer kamen herein – Spieler der örtlichen Footballmannschaft, der *Philadelphia Eagles*.

Nadin, der ein riesiger Fan des Teams war, drehte sich um und lächelte. Einer von ihnen war der Profi DeSean Jackson. Jackson setzte sich so dicht wie möglich neben den Jungen aufs Sofa und versprach ihm: „Wenn du uns brauchst, ich stehe dir jederzeit mit zwei meiner Leute zur Verfügung." Nadin bekam riesengroße Augen, als Jackson ein Trikot signierte und es ihm aushändigte. Und dann gab er dem Jungen vor den Augen aller potenziellen Schläger seine Handynummer.[1]

Von jenem Tag an waren Nadins Leibwächter nur noch einen Anruf weit entfernt. Und Schläger überlegen es sich gut, ob sie einen Jungen angreifen, der die Nummer eines Profi-Footballspielers im Kurzwahlspeicher seines Handys hat.

Es war ein ziemlich gutes Angebot. Wer wünscht sich nicht so einen Beschützer?

Josua auf jeden Fall schon. Brutale, blutrünstige Feinde bewohnten nämlich das verheißene Land. Josuas Männer waren nicht kampferprobt. Und ob er wirklich ein guter Anführer war, hatte sich noch nicht gezeigt. Aber trotz dieser schlechten Voraussetzungen garantierte Gott ihnen, dass sie das Land erobern würden. „Dein Leben lang wird niemand dich besiegen können. Denn ich bin bei dir, so wie ich bei Mose gewesen bin. Ich lasse dich nicht im Stich, nie wende ich mich von dir ab" (Josua 1,5; Hfa).

Das war, als würde Gott zu ihm sagen: „Jericho hat dicke, hohe Mauern? Das stimmt zwar, aber du hast mich. Die Amoriter haben Heimvorteil? Schon, aber du hast den König des Himmels an deiner Seite. Die Feinde haben mehr Streitwagen, mehr Erfahrung und eine bessere Bewaffnung? Ja, sie sind stark, aber ich bin stärker. Und ich lasse dich nicht im Stich, ich werde mich niemals von dir abwenden."

Gott gibt Ihnen das gleiche Versprechen. Der Verfasser des Hebräerbriefes zitiert die Worte sogar in seinem Brief: „Denn Gott hat uns versprochen: ‚Ich lasse dich nicht im Stich, nie wende ich mich von dir ab.' Deshalb können wir voller Vertrauen bekennen: ‚Der Herr hilft mir, und ich brauche mich vor nichts und niemandem zu fürchten. Was kann mir ein Mensch schon antun?'" (Hebräer 13,5–6; Hfa).

Diese letzte Frage ist irgendwie beunruhigend. „Was kann mir ein Mensch schon antun?" Sie kennen die Antwort darauf: mich anlügen, mich hinters Licht führen, mir wehtun, mich tyrannisieren, mich mobben.

Aber die Bibel stellt die Frage anders: Wenn Gott Ihr Helfer ist, was kann Ihnen dann ein Mensch schon antun?

Das griechische Wort, das hier im Original für *Helfer* verwendet wird, ist *boätheo*, von *boä* – rufen – und *theo* – laufen, rennen.[2] Wenn Sie Hilfe brauchen, rennt Gott zu Ihnen und ruft: „Ich komme!" Er wird Sie niemals verlassen! Er macht nie Pause, Mittagsschlaf oder Urlaub. Er weicht nie von Ihrer Seite.

Auf dem Arbeitsmarkt sieht es schlecht aus? Stimmt, aber Gott ist Ihr Helfer. Ihre Blutwerte sind schlecht? Das ist nicht gut, aber Ihr Schöpfer ist bei Ihnen. Auf der Welt gibt es viele Konflikte? Allerdings. Aber der allmächtige Gott wird Sie niemals verlassen oder im Stich lassen.

Dieses Wissen verändert alles! Da Gott stark ist, sind auch Sie stark. Da er dem Problem abhelfen kann, werden Sie es auch können. Da seine Macht grenzenlos ist, sind auch Ihnen keine Grenzen gesetzt. Sie können mit dem Apostel mutig sagen: „Der Herr hilft mir, und ich brauche mich vor nichts und niemandem zu fürchten. Was kann mir ein Mensch schon antun?" (Vers 6).

Aber das ist noch nicht alles. Die großartigste und beste Neuigkeit aus der Geschichte von Josua ist, dass Gott nicht nur immer *bei Ihnen* ist, sondern auch noch *für Sie* kämpft.

Gott will nicht nur, dass Sie im verheißenen Land leben, sondern er kämpft auch noch für Sie, damit das überhaupt möglich ist. Und genau das war das zentrale Thema in Josuas Siegesrede.

Stellen Sie sich vor, wie der Kommandant vor seiner Armee steht und eine letzte Ansprache hält: „Ich bin schon sehr alt und werde bald sterben" (Josua 23,2; Hfa). Er ist 110 Jahre alt, als er stirbt (Josua 24,29), also muss er schon fast so alt sein, als er diese Rede hält.

Er hat weißes Haar und sein Bart reicht ihm bis auf die Brust. Sein Rücken ist gebeugt, aber seine Stimme kräftig. Er steht auf einem Felsen und schaut über ein Meer von Gesichtern. Als er die Hand hebt, um zu sprechen, werden alle still. Dieser Mann hat sie aus der Wüste herausgeführt, durch den Jordan, hinein nach Kanaan. Wenn Josua spricht, hören alle zu.

Josua hat jeden bedeutenden Augenblick der vergangenen fünfzig Jahre miterlebt. „Ihr habt mit eigenen Augen gesehen, was der Herr mit allen Völkern in dieser Gegend getan hat", verkündet er seinen Soldaten (Josua 23,3; Hfa).

Und was für Geschichten sie darüber erzählen konnten! Der Jordan hatte sich geteilt und die Mauern von Jericho waren eingestürzt. Die Sonne hatte stillgestanden und die Feinde waren geflohen. Die Israeliten bewohnten fruchtbares Land, das sie nicht bearbeitet hatten, und aßen von Weinbergen, die sie nicht gepflanzt hatten. Und Josua wollte in seinen letzten Worten sicherstellen, dass sie das begriffen hatten: „Er selbst, der Herr, euer Gott, hat für euch gekämpft" (Vers 3).

Die Israeliten hatten das Land nicht aufgrund ihrer eigenen Kriegskunst eingenommen, sondern weil Gott ihnen geholfen hatte. Dieser Gedanke zieht sich wie ein roter Faden durch das Buch Josua. Im gesamten Buch ist es immer Gott, dem die Israeliten ihren Erfolg und ihre Siege verdanken.

Als Josua seine Männer aufrief, in den Kampf zu ziehen, wies er darauf hin: „In drei Tagen werdet ihr den Jordan überqueren, um das Land einzunehmen, das euch der Herr, euer Gott, geben wird" (Josua 1,11; Hfa).

Und dann noch einmal: „Der Herr, euer Gott, hat euch zur Ruhe gebracht und euch dies Land gegeben" (Vers 13; LÜ).

Am Abend bevor sie den Jordan überquerten, verkündete Josua: „Morgen wird er vor euren Augen Wunder tun!“ (Josua 3,5; Hfa).

Als sie am Westufer des Flusses standen, stellte Josua fest: „Denn der Herr, euer Gott, hat diesen Fluss vor euren Augen aufgestaut, damit ihr hindurchziehen konntet“ (Josua 4,23; Hfa).

Vor Jericho sagte Josua zum Volk: „Jetzt schreit los! Der Herr hat euch die Stadt ausgeliefert“ (Josua 6,16; GN).

Die gesamte Geschichte des Volkes liest sich doch so: Gott nimmt ein, Gott gibt, Gott kämpft. Josua fasste den Erfolg mit den Worten zusammen: „Ihr habt erlebt, wie der Herr große und starke Völker vor euch vertrieben hat; bis heute hat niemand euch standhalten können. Ein Einziger von euch hat tausend Feinde vor sich hergejagt; denn der Herr, euer Gott, kämpfte für euch, wie er es versprochen hatte“ (Josua 23,9–10; GN).

Ist das nicht ein wunderbares Bild? „Ein Einziger von euch hat tausend Feinde vor sich hergejagt.“ Wenn ich das lese, stelle ich mir vor, wie ein einzelner Israelit mit gezogenem Schwert hinter einem ganzen Bataillon feindlicher Krieger herrennt. Sie sind ihm tausend zu eins überlegen, aber weil Gott für ihn kämpft, ergreifen sie wie aufgescheuchte Hühner die Flucht.

Das Gleiche stelle ich mir für Sie vor. Die Amoriter in Ihrem Leben – Ängste, Furcht, Hass und Verletzungen – überfallen Sie wie eine Bande Verbrecher. Aber anstatt davonzulaufen, sehen Sie ihnen ins Auge. Sie ziehen Gottes Verheißungen wie ein Schwert aus der Scheide und bieten Gottes Feinden die Stirn. Sie sind ein Grizzlybär und Ihre Feinde wie Ratten. „Raus hier, Scham! Verschwindet, ihr Schuldgefühle! Angst vor dem Sterben, Reue, greift doch jemand anderen an.“

So sieht das Leben aus, wenn man im verheißenen Land lebt. Sie wurden nicht dazu erschaffen, vor Angst zu zittern. Sie wurden nicht dazu erschaffen, ewig von Ihrer Vergangenheit verfolgt zu werden. Sie wurden nicht dazu erschaffen, als Feigling durchs Leben zu hinken. Sie sind ein lebendiges Abbild Gottes. Und noch besser: Er kämpft für Sie.

Ist dieser Gedanke neu für Sie? Sie haben zwar gehört, dass Gott Sie erschaffen hat, dass er über Ihnen wacht, Sie führt, Sie kennt … aber dass er für Sie kämpft? Wer bahnt Ihnen den Weg? Wer verteidigt Sie? Wer lässt Mauern einstürzen, hält die Sonne an und lässt es auf den Teufel und seine Mächte hageln?

Wussten Sie, dass Gott für Sie kämpft? „Wir aber haben den Herrn, unseren Gott, auf unserer Seite! Er will uns helfen, er wird für uns kämpfen!" (2. Chronik 32,8; Hfa). „Unser Gott wird für uns kämpfen" (Nehemia 4,14; Hfa). Gott „[bekämpft], die mich bekämpfen!" (Psalm 35,1; Hfa).

Gott kämpft für Sie. Lassen Sie diese vier Worte mal einen Augenblick auf sich wirken.

Gott. Der Vorsitzende, der Präsident, der König, der oberste Herrscher, das königliche Oberhaupt, der Zar, der Kaiser und Maharadscha dieser Welt. Er schreitet ein und gibt Ihnen Deckung. Er ist absolut perfekt, unermüdlich stark und ohne Zweifel fähig. Er ist unendlich freudig, weise und bereit. Und er …

Kämpft. Er schickt Engel und gebietet dem Wetter. Er lässt die Goliaths abtreten und leert die Friedhöfe. Er kämpft …

Für. Für Ihre Gesundheit, Ihre Familie, Ihren Glauben und Ihre Wiederherstellung. Stehen Ihre Chancen schlecht? Ist der Trainer gegen Sie? Ist die Regierung gegen Sie? Das ist natürlich schwierig, aber Gott kämpft für …

Sie. Ja, Sie! Sie mit der verkorksten Vergangenheit. Sie mit der immer höher werdenden Stirn. Sie mit dem abwesenden Vater. Sie mit dem kaputten Rücken, mit der negativen Schufa-Auskunft oder dem miesen Job. Er kämpft nicht nur für die Reichen, Schönen oder Frommen. Er kämpft für Menschen wie Sie.

Die gute Nachricht der Bibel ist, dass nicht Sie für Gott kämpfen, sondern dass er für Sie kämpft. Wenn Sie sich dessen bewusst sind, ist das eine unglaublich große Kraftquelle.

So etwas Ähnliches habe ich vor vielen Jahren einmal erlebt, als ich meine erste Predigt hielt. Ich war gerade mit der Uni fertig und wollte als Prediger die Welt verändern. Als ich meinen Abschluss hatte, baten mich die Ältesten meiner Heimatgemeinde, dort zu predigen.

Keine Predigt ist vollkommen. Aber die allererste Predigt eines frischgebackenen Predigers? Ich werde gar nicht erst versuchen, meine zu verteidigen. Ich hatte mir zwar Mühe gegeben, aber ich bin mir sicher, dass ich abgeschweift bin. In dem Bemühen, alles zu sagen, was ich zu sagen hatte, sagte ich im Grunde sehr wenig. Ich will also nicht behaupten, dass die Predigt irgendwie bemerkenswert war.

Aber die Kritik des Pastors hatte ich trotzdem nicht verdient. Er rief mich nach dem Gottesdienst zu sich, um meine Predigt regelrecht zu zerlegen. Dort hatte er schon einige Männer zusammengerufen, die Zeugen des Ganzen sein sollten. Er zerriss die Predigt wie ein Wolf ein Kaninchen. Er meinte, ich hätte zu viele Geschichten erzählt und zu wenig Bibelstellen angeführt. Ich sei zu schlau gewesen und zu nett und sanft mit den Sündern umgegangen. Am Ende seiner Moralpredigt stand ich da wie ein begossener Pudel.

Ich schlich mit gesenktem Kopf und hängenden Schultern zum Parkplatz hinaus, wo mein Vater im Auto auf mich wartete. Er sah sofort, dass etwas nicht stimmte. Als ich ihm von dem Treffen erzählte, bekam er einen roten Kopf. Seine Hände umklammerten das Lenkrad immer fester und seine Lippen waren so fest zusammengepresst, dass es nur noch zwei dünne Striche waren. Er setzte mich zu Hause ab und sagte: „Ich komme bald zurück. Ich muss noch mal jemanden besuchen."

Erst am nächsten Tag erfuhr ich den Rest der Geschichte. Mein Vater war in die Einfahrt unseres Pastors eingebogen, der gerade damit beschäftigt gewesen war, seinen Rasen zu wässern. Er senkte den Gartenschlauch und begrüßte meinen Vater. Mein Vater erwiderte diese Freundlichkeit jedoch nicht. Stattdessen fuhr er den Prediger an und wollte wissen, was dieses Treffen mit mir denn sollte.

Der Pastor zögerte, wich aus, druckste herum und entschuldigte sich schließlich. Am nächsten Tag rief er mich an und bat mich um Vergebung.

Ich betone noch einmal, dass ich die Predigt nicht verteidigen will. Aber es war wunderbar, dass mein Vater mich verteidigte.

Wie bitte? Sie wünschten, Sie könnten das auch von sich sagen? Sie sehnen sich danach, dass einmal jemand zu Ihrer Verteidigung kommt? Dass jemand für Sie in die Bresche springt? Dass jemand sich gegen die stellt, die Sie beschimpfen?

Liebes Kind des Himmels, Gott hat genau das getan!

Als Gott Mensch wurde, kämpfte er um Ihre Seele. Als Jesus in der Wüste dem Teufel entgegentrat, kämpfte er um Ihren Frieden. Als er sich für die Vernachlässigten starkmachte, hat er sich da nicht auch für Sie starkgemacht? Als er am Kreuz für Ihre Sünden starb, kämpfte er um Ihre Errettung. Als er den Heiligen Geist schickte, damit dieser Sie führt und tröstet und Ihnen Kraft gibt, kämpfte er um Ihr Leben.

Wenn Ihnen diese Wahrheit nicht bewusst ist, können Sie auch gleich Ihre Koffer packen, denn dann werden Sie sehr lange in der Wüste umherirren. Aber wenn Sie das glauben, was ich oben geschrieben habe, werden sich die Wolken über Ihnen lichten.

Glauben Sie das Folgende:

[Gott] *wird nicht zulassen, dass du stolperst und fällst;*
der dich behütet, schläft nicht.
Siehe, der Israel behütet, wird nicht müde und schläft nicht.
Der Herr selbst behütet dich!
Der Herr ist dein schützender Schatten über deiner rechten Hand.
Die Sonne wird dir am Tag nichts anhaben
noch der Mond bei Nacht.
Der Herr behütet dich vor allem Unheil
und bewahrt dein Leben.
Der Herr behütet dich, wenn du kommst und wenn du wieder gehst,
von nun an bis in Ewigkeit.
Psalm 121,3–8 (NL)

Gegen Ende der Landnahme führt der Erzähler der Geschichte Josuas alle Könige, die Israel besiegt hat, einzeln auf. Er tut das auf eine sehr interessante Art und Weise:

der König von Jericho: einer;
der König von Ai …: einer;
der König von Jerusalem: einer;
der König von Hebron: einer …
Josua 12,9–10 (ELB)

Die Liste hat 31 Zeilen. In jeder Zeile steht ein Name und das Wort „einer". Das Ganze klingt, als hätten die Sieger ihre Feinde auf einer Liste abgehakt und dann das Ergebnis verkündet:

Josua: 31

Kanaaniter: 0

Stellen Sie sich einmal Ihre Liste vor. Malen Sie sich den Tag aus, an dem Sie vor Jesus stehen, Ihrem Josua, und auf Ihr Leben zurückschauen. „Dann wird Gott jeden so loben, wie er es verdient hat" (1. Korinther 4,5; Hfa). Ihr Anführer wird das Endergebnis Ihres Lebens verkünden: „Mit Gottes Hilfe hat Johannes es mit den Feinden in seinem verheißenen Land aufgenommen und sie vertrieben.

Habgier: einer;

aufbrausendes Temperament: einer;

Neid: einer.

Als Kind missbraucht, aber als Erwachsener eine starke Persönlichkeit.

Von Drogen in Versuchung geführt, aber standhaft geblieben.

Vom Weg abgekommen, aber entschlossen umgekehrt.

Einer, einer, einer!"

Einer nach dem anderen werden die Siege verlesen und bejubelt.

Jeder, der es hört, wird über das jubeln, was Gott getan hat. Das ist Gottes Ziel für Sie. Das ist Ihr Erbe: mehr Siege als Niederlagen, mehr Freude als Traurigkeit, mehr Hoffnung als Verzweiflung.

Wenn Ihr Leben so aussieht, dann sind das glorreiche Zeiten.

SCHLUSSWORT

Schwerter, Kriege und Gott

Das Buch Josua ist ziemlich blutrünstig. Es hat keinen Sinn, das zu leugnen. Und es ist nicht nur so, dass sehr gewalttätige Dinge passieren (die Tötung unzähliger Menschen), sondern sie passieren auch Frauen, Kindern, alten Menschen und sogar Tieren. Vielen Lesern fällt es aufgrund dieser Gewalttaten schwer, die Bedeutung des Buches Josua und Gottes Botschaft darin zu verstehen.

Manche versuchen, Gott aus dieser Zwangslage zu befreien, indem sie behaupten, er habe diese Taten nicht wirklich angeordnet. Das Ganze gehe einfach auf Fehlinterpretationen von Gottes Anweisungen oder Fehlinterpretationen der biblischen Autoren zurück. Aber es ist nahezu unmöglich, dieser Argumentation zu folgen und dabei gleichzeitig daran festzuhalten, dass die Bibel von Gott inspiriert ist. Gottes Worte sprechen da eine zu deutliche Sprache.

Was sollen wir also davon halten?

Hier sind einige der Gedanken, die mir geholfen haben.

Gott kannte die Kanaaniter. Er wusste, wie böse sie waren. Er kannte ihre ungezügelte Gewaltbereitschaft, und vor allem kannte er sie schon 600 Jahre, bevor Josua ins Land kam. Der Vers in 1. Mose 15,16 belegt das: „Erst die vierte Generation wird hierher zurückkehren; denn die Schuld der Amoriter, die jetzt dieses Land bewohnen, hat ihr volles Maß noch nicht erreicht" (GN). Gott ließ den dortigen Menschen sechs Jahrhunderte Zeit, um sich zu ändern. Die Tatsache, dass Rahab es getan hat, zeigt, dass auch sie es gekonnt hätten. Die Tatsache, dass Gott Rahab angenommen hat, beweist, dass er auch sie angenommen hätte.

Aber sie änderten sich nicht. Offensichtlich nahm ihre Schlechtigkeit mit der Zeit sogar noch zu. „Denn diese Völker haben zu Ehren ihrer Götter lauter Dinge getan, die dem Herrn zuwider sind und die er hasst. Sie haben sogar ihre Söhne und Töchter als Opfer für die Götzen verbrannt" (5. Mose 12,31; GN). Ein Theologe bezeichnete das Kanaan des 13. Jahrhunderts vor Christus als eine „Schlangengrube der Kinderopfer und Tempelprostitution … [Menschen, die] skrupellos genug waren, um die schwächsten Glieder der Gesellschaft (Säuglinge und Jungfrauen) zu benutzen, um Gott oder die Götter zu ihrem Vorteil zu manipulieren".[1]

Gott wusste nicht nur, was sie getan hatten, er wusste auch, was sie noch tun würden. Aufgrund seiner Allmacht sah er die Zerstörung, die sie in Zukunft noch anrichten würden. Also bestrafte er sie. Ist es nicht sein Recht, das zu tun? Wünschen wir uns nicht manchmal, dass er das tut? Wir haben ganz schön damit zu kämpfen, wenn Gott Ungerechtigkeit nicht bestraft. (Warum hat Gott nicht eingegriffen, um den Holocaust zu verhindern?) Aber manchmal haben wir auch damit zu kämpfen, wenn er eingreift, wie hier im Fall der Bewohner Kanaans.

Wir sollten uns dieser Frage mit Ehrfurcht stellen. Gott ist Gott. So schwer es uns auch fallen mag, das zu akzeptieren: aber er muss nicht so reagieren, wie wir reagieren oder wie er unserer Meinung nach reagieren müsste. Wir verstehen einfach nicht, wie er Menschen schützt.

Ich denke da an einen Freund, dessen Teenagertochter daran zweifelte, dass ihr Vater wirklich ihr Bestes im Sinn hatte. Sie hatte einen Freund, der einen äußerst schädlichen Einfluss auf sie ausübte. Es war, als könnte sie gar nicht mehr klar denken. Er brachte sie dazu, alle Werte zu hinterfragen, die ihr Vater ihr vermittelt hatte. Ihre Eltern kamen einfach nicht mehr an sie heran. Deshalb verlangte mein Freund, dass die beiden die Beziehung beendeten. Als sie sich weigerten, beschloss er, mit der gesamten Familie umzuziehen. Er kündigte seine Stelle und verkaufte das Haus.

Können Sie sich vorstellen, wie wütend die Tochter war? Ihrer Auffassung nach reagierte ihr Vater überzogen. Seiner Auffassung nach tat er nur alles, um seine Tochter zu schützen.

Diejenigen, die Gott vorwerfen, er hätte in Kanaan überreagiert, sollten eines nicht vergessen: Wir waren nicht dabei. Wir kennen die Kanaaniter nicht. Wir sind weder allmächtig noch souverän. Aber Gott schon.

Und Gott ist voller Gnade. Die Anweisungen, die er den Israeliten hinsichtlich der Kanaaniter gab, sind einmalig in der Bibel. Zu keiner anderen Zeit und an keinem anderen Ort wird Israel je wieder angewiesen, so aggressive militärische Aktionen durchzuführen. Die Mehrheit der biblischen Geschichten handelt von einem Gott, der rettet, erlöst und Geduld und Liebe an den Tag legt. Hat er da unser Vertrauen nicht verdient?

Ich habe eine Antwort darauf.

Jetzt müssen Sie die Ihre finden.

Übrigens wird Gott es wieder tun. Am Tag des Jüngsten Gerichts wird er das Böse ein für alle Mal richten. Der Teufel, seine Diener und alle seine Anhänger werden in den Genuss von Gottes endgültigem und gerechtem Urteil kommen. Und an diesem Tag und in diesem Augenblick wird niemand anzweifeln, dass Gott das Recht hat, das zu tun.

Fragen zur Vertiefung

von David Drury

Die folgenden Fragen sollen Ihnen helfen, noch intensiver über „Du bist reich beschenkt“ nachzudenken und die gute Nachricht, dass Sie schon heute in den Genuss des Lebens kommen können, nach dem Sie sich zutiefst sehnen, umzusetzen. Jedes Kapitel besteht aus drei Teilen:

Die *Wüsten-Fragen* gehen auf die schweren Zeiten des Lebens ein, die zum Beispiel durch Warten, Enttäuschung, Entmutigung oder ein zerbrochenes Herz eingeläutet werden. Für die Israeliten waren das die vierzig Jahre Wanderschaft in der Wüste. Ihre Wüste, Ihr ödes Land unerfüllter Hoffnungen und Träume, kommt Ihnen vielleicht nicht weniger trocken vor. Wie schwer so eine Wüstenzeit auch sein mag, sie kann eine Zeit geistlichen Wachsens und Lernens sein. Die Fragen sollen Ihnen helfen, während Ihrer Wüstenzeiten mehr über Gott und sich selbst zu erfahren.

Die *Jordan-Fragen* weisen auf einen symbolischen Jordan hin, der Sie im Moment noch von einem Leben im verheißenen Land trennt, das aber bereits auf Sie wartet. Sie können den Jordan überqueren und dieses Leben erreichen, weil Sie durch Gott, der Ihnen seine große Liebe gezeigt hat (Römer 8,37), auf jeden Fall siegreich aus dieser Situation hervorgehen werden.

Die Fragen sollen Sie motivieren und Ihnen praktische Schritte aufzeigen, wie Sie voller Vertrauen das Land betreten können, das Gott Ihnen verheißen hat.

Die *Kanaan-Fragen* wollen Sie dazu einladen, sich vorzustellen, wie Ihr Leben im verheißenen Land aussehen kann. Manchmal ist das gar nicht so einfach. Diejenigen, die dieses Land bereits betreten und ihren „Jordan" überquert haben, sind darüber manchmal so demütig, dass sie nicht erzählen, wie es sich anfühlt, über Sünde, Scham und Krankheit zu triumphieren. Aber für diejenigen, die an Gott festhalten, ist es nicht nur möglich, die negativen Dinge im Leben zu bewältigen – Gott hat uns das versprochen. Sie können die Lücke zwischen dem Menschen, der Sie sind, und dem, der Sie sein möchten, schließen! Es wird Zeit, wirklich das Leben im verheißenen Land anzutreten.

Ich wünsche Ihnen, dass Sie glorreiche Zeiten erleben und dass Sie die Worte, die am Anfang dieses Buches stehen, in dem Bewusstsein sagen können, dass Gottes Kraft in Ihnen wirkt:

Es sind glorreiche Zeiten.
Meine Vergangenheit ist Geschichte,
meine Zukunft sieht rosig aus,
Gottes Verheißungen sind wahr
und auf sein Wort ist Verlass.
Mit Gott an meiner Seite
werde ich der sein, den er aus mir machen will,
tun, was sein Wille ist,
und empfangen, was er für mich geplant hat.
Ich werde das Leben führen,
nach dem ich mich zutiefst sehne.

KAPITEL 1

Glorreiche Zeiten

Bibeltext: Josua 21,43–45

Aber trotz all dem tragen wir einen überwältigenden Sieg davon durch Christus, der uns geliebt hat.

Römer 8,37 (NL)

Wüsten-Fragen

1. Vielleicht können Sie mit dem Kind mit dem kleinen Mickey-Maus-Trolley mitfühlen, das Max Lucado am Flughafen sah. Frustriert sagte es zu seinen Eltern: „Geht langsamer – ich komm nicht mit!“ Wo haben Sie in letzter Zeit Mühe mitzukommen?
2. Lesen Sie 2. Mose 17,2–4.
   - Stellen Sie sich vor, Sie müssten Ihre momentane Wüsten-Stimmung auf einer Skala von 1 bis 10 beurteilen (1 entspricht „jammernd“ und 10 „dankbar“): Wie geht es Ihnen im Augenblick?
   - Über welche aktuellen Umstände klagen Sie derzeit vielleicht zu viel?
   - Bei welchen Gelegenheiten, für die Sie jetzt dankbar sein können, hat Gott in der Vergangenheit für Sie gesorgt?
3. Die Israeliten kamen sich im Vergleich zu ihren riesigen Feinden wie Heuschrecken vor (4. Mose 13,33). Welchen

Situationen sehen Sie sich heute gegenüber, in denen Sie sich machtlos fühlen?

4. „Fast jeder neunte Christ verkümmert in der Wüste." Rechnen Sie sich zu den 89 Prozent der Kirchgänger, die das Leben im verheißenen Land nicht wirklich erleben? Erläutern Sie Ihre Antwort.

Jordan-Fragen

5. Vor welchen Herausforderungen könnten Sie sich wiederfinden, wenn Sie versuchen, siegreich zu leben?
6. In diesem Kapitel hat Lucado einen Abschnitt aus Josua 21,43–45 etwas umformuliert. Er hat einige Lücken gelassen, in die Sie Ihren Namen schreiben sollen. Nehmen Sie sich jetzt die Zeit, diese Verheißung laut zu lesen und dabei Ihren Namen einzusetzen.

So gab der Herr .... das ganze Leben, das er versprochen hatte, und .... eroberte es und ließ sich darin nieder. Und der Herr gab .... Frieden ringsum, wie er es geschworen hatte. Keiner von .... Feinden konnte gegen .... bestehen, denn der Herr schenkte .... den Sieg über sie. Nicht eine einzige Verheißung, die der Herr .... gegeben hatte, blieb unerfüllt. Sie trafen alle ein.

Kanaan-Fragen

7. Es wurden verschiedene Bibelstellen angeführt, die Ihnen zeigen, wie Ihr Leben im verheißenen Land aussehen könnte. Lesen Sie die folgenden Verse: Römer 8,37; 2. Korinther 4,16–17; 2. Korinther 5,14–17; Kolosser 3,23–24. Beantworten Sie zu jeder Bibelstelle die folgenden beiden Fragen:
   - Was verrät Ihnen diese Bibelstelle darüber, wie Gott Sie sieht?
   - Inwiefern inspiriert diese Bibelstelle zum Sieg?
8. Schreiben Sie eines der nachfolgenden Zitate auf ein Kärtchen, und hängen Sie es so auf, dass es Sie heute immer wieder an diese Wahrheiten erinnert:
   - Mit Gottes Hilfe können Sie die Lücke schließen zwischen dem Menschen, der Sie sind, und dem, der Sie sein möchten.
   - Siegen wird zu einem Lebensstil.
   - Sollten Sie nicht langsam Ihre Adresse ändern – von „Wüste“ in „verheißenes Land“?

Gebet

Jesus, du bist mein Helfer. Gib mir die Kraft, nach dieser Wahrheit zu leben: „Gottes Versprechen sind wahr und auf sein Wort ist Verlass. Mit Gott an meiner Seite werde ich der Mensch sein, den er aus mir machen möchte, werde tun, was er will, und alles empfangen, was er mir geben will. Ich werde das Leben führen, nach dem ich mich zutiefst sehne.“ Amen.

KAPITEL 2

Treten Sie Ihr Erbe an

Bibeltext: Josua 1,1–6

„Niemals werde ich dir meine Hilfe entziehen, nie dich im Stich lassen. Sei mutig und entschlossen!“

Josua 1,5–6 (GN)

Wüsten-Fragen

1. Welche Bilder, Vorstellungen oder Menschen kommen Ihnen bei den Worten „ich kann das nicht“ in den Sinn?
2. Was glauben Sie *nicht* zu können, von dem Sie den Verdacht haben, dass Gott meint, Sie können es tun?
3. In diesem Kapitel werden zwei Gründe erwähnt, warum Menschen ihr Erbe nicht antreten: entweder sie wissen gar nichts von ihrem Erbe oder sie vertrauen nicht auf ihr Erbe.
   - Was haben Sie in diesem Kapitel über Ihre Beziehung zu Gott gelernt? Wie würden Sie sie jetzt beschreiben?
   - Inwiefern hat sich Ihr Verständnis bezüglich Ihres Erbes verändert? Was glauben Sie jetzt und worauf vertrauen Sie?
   - Welche Aspekte Ihres Erbes bereiten Ihnen noch Mühe? Nehmen Sie sich jetzt Zeit zum Gebet, und bitten Sie Gott, Ihren Glauben zu stärken. Machen Sie es wie der Mann,

der Jesus um ein Wunder bat, und bekennen Sie: „Ich glaube; hilf meinem Unglauben!“ (Markus 9,24; EÜ).

Jordan-Fragen

4. „Sie kämpfen nicht um den Sieg, Sie kämpfen mit dem Sieg im Rücken.“
   - Wenn Gott schon gesiegt hat, was müssen Sie dann tun, um diesen Sieg anzunehmen?
   - Inwiefern kann dies Ihre Einstellung zu Ihrem eigenen Leben verändern?
5. Suchen Sie sich unter den nachfolgenden Bibelversen einen Lieblingsvers aus, und lesen Sie dann den Kontext, der für jeden Vers angegeben ist. In welcher Weise illustriert jede dieser Bibelstellen Gottes Sieg? Welche Wahrheiten entdecken Sie darin?
   - „Allem bin ich gewachsen durch den, der mich stark macht“ (Philipper 4,13; GN). Siehe auch Philipper 4,1–20.
   - „Gott ist es, der Frieden bringt. […] Er mache euch fähig, all das Gute zu tun, das er haben will“ (Hebräer 13,20–21; GN). Siehe auch Hebräer 13.
   - „Gott hat uns alles geschenkt, was wir brauchen, um zu leben, wie es ihm gefällt“ (2. Petrus 1,3; Hfa). Siehe auch 2. Petrus 1,1–11.
   - „Ihr sollt erfahren, mit welch unermesslich großer Kraft Gott in uns, den Glaubenden, wirkt. Ist es doch dieselbe Kraft, mit der er Christus von den Toten auferweckte“ (Epheser 1,19–20; Hfa). Siehe auch Epheser 1,15–23.

Kanaan-Fragen

6. Paulus schreibt in 2. Korinther 5,17, dass Sie eine „neue Schöpfung“ sind, wenn Sie „in Christus“ sind, und dass dann alles in Ihrem Leben neu ist.
   - Wie würde das für Sie aussehen, wenn Sie eine „neue Schöpfung“ wären?
   - Welche Auswirkungen hätte ein Leben im verheißenen Land auf Ihre Beziehungen?
7. Ihre Entscheidung für Jesus Christus ist mehr als nur „das Reinwaschen von Sünde“. Es ist in Wirklichkeit eine „Kraftspritze“.
   - Wo brauchen Sie in den nächsten Tagen Gottes Kraft?
   - Inwiefern kann seine Kraft Ihnen helfen, diese Herausforderung zu bewältigen?

Gebet

Jesus, du willst mir den Sieg schenken! Schenke mir heute einen Verstand, der vertraut, und ein Herz, das gehorcht. Hilf mir zu verstehen, dass ich keinen Kampf ausfechte, den ich nicht gewinnen kann, sondern dass du mir den Sieg schon geschenkt hast, denn du bist mein Sieg! Amen.

KAPITEL 3

Auf welche Stimme hören Sie?

Bibeltext: Josua 1,7–18

Ich will gerne tun, mein Gott, was du von mir erwartest. Dein Gesetz ist mir ins Herz geschrieben.

Psalm 40,8–9 (Hfa)

Wüsten-Fragen

1. Wann ist es Ihnen schwergefallen, in der Bibel zu lesen? Warum?
   - Gibt es Abschnitte in der Bibel, die Sie nur schwer glauben können? Falls ja, nennen Sie Beispiele.
   - Welche biblische Geschichte ermutigt Sie am meisten? Warum?
2. Die Bibel wurde nicht von einem Schreiber in einem Büro verfasst, sondern von „Königen in Palästen, Hirten in Zelten und Häftlingen im Gefängnis". Echte Menschen, die sich den gleichen Herausforderungen gegenübersahen wie Sie, haben die Bibel geschrieben.
   - Welche biblische Geschichte, in der sich jemand einer großen Herausforderung stellt, gefällt Ihnen am besten?
   - Warum bedeutet Ihnen diese Bibelstelle so viel? Wie lässt sie sich auf die Herausforderungen übertragen, denen Sie sich heute gegenübersehen?

Jordan-Fragen

3. „Denn alles, was in der Schrift steht, ist von Gottes Geist eingegeben, und dementsprechend groß ist auch der Nutzen der Schrift: Sie unterrichtet in der Wahrheit, deckt Schuld auf, bringt auf den richtigen Weg und erzieht zu einem Leben nach Gottes Willen“ (2. Timotheus 3,16; NGÜ).
   - Inwiefern hilft Ihnen die Bibel, Ihre Schuld einzusehen und wieder auf den richtigen Weg zu kommen? Welche Erkenntnisse und Leitlinien für Ihr Leben finden Sie darin?
   - Dieser Vers besagt, dass die Bibel einen Nutzen hat. Wie nutzen Sie die Bibel? Überlegen Sie, wie Sie die Bibel nutzen könnten, um Ihren Alltag mit Gott besser in den Griff zu bekommen.
4. Lesen Sie die negativen Eigenschaften durch, die in 2. Timotheus 3,1–5 angegeben sind. Welche davon treffen auf Sie zu?
   - Was wäre das Gegenteil von den Eigenschaften, die Sie ausgewählt haben?
   - Wie könnten Sie diese positiven Eigenschaften heute ganz praktisch leben?

Kanaan-Fragen

5. Josua hätte leicht durch die vielen anderen Stimmen, die um seine Aufmerksamkeit rangen, abgelenkt werden können. Aber er musste auf die eine Stimme hören, die am wichtigsten war: Gottes Stimme.
   - Welche Stimmen in Ihrem Leben widersprechen der Bibel?

- Wie können Sie den Einfluss verringern, den diese Stimmen auf Ihr Leben haben?
- Welche Stimmen in Ihrem Umfeld entsprechen der biblischen Wahrheit?
- Welche Bibelstelle inspiriert Sie am meisten?

6. Stellen Sie sich vor, wie Ihr Leben im verheißenen Land aussehen könnte. Beschreiben Sie, welche Rolle die Bibel in diesem Leben spielt.
   - Was können Sie tun, damit die Bibel oberste Priorität in Ihrem Leben hat?
   - Wie werden Sie mit der Bibel umgehen?
   - Welche Auswirkungen hat es auf Ihr Leben, wenn Sie sich intensiv mit Bibelstellen beschäftigen?
   - Woran merken Sie, dass Gottes Wort in Ihnen Wurzeln geschlagen hat?
   - Gibt es irgendeinen Grund, weshalb Sie dieses Leben, nach dem Sie sich so sehnen, nicht schon jetzt führen können?

Gebet

Herr Jesus, du bist meine Wahrheit. Sprich mitten in mein Leben hinein und übertöne die anderen Stimmen, die meine Aufmerksamkeit auf sich ziehen wollen. In deinem Wort hast du mir alles gegeben, was ich heute brauche, um an dir festzuhalten. Hilf mir, darauf zu hören. Hilf mir, dein Reden zu vernehmen. Sprich, Herr, dein Diener hört. Amen.

KAPITEL 4

Es ist in Ordnung, wenn nicht alles in Ordnung ist

Bibeltext: Josua 2

Deshalb haben wir allen Mut verloren. Keiner von uns wagt, gegen euch zu kämpfen. Denn der Herr, euer Gott, hat die Macht im Himmel und auf der Erde.

Rahab in Josua 2,11 (GN)

Wüsten-Fragen

1. Hatten Sie schon einmal das Gefühl, dass Sie es nicht verdienen, ein besseres Leben zu führen?
   - Welches Versagen Ihrerseits oder welche Einschränkungen scheinen das Leben im verheißenen Land für Sie unerreichbar zu machen?
   - Was sagt Paulus über diejenigen, die dieses bessere Leben verdient haben (nachzulesen in Römer 3,23–24)?
2. In Hebräer 11 wird auf Rahabs großen Glauben hingewiesen. Sie wird zusammen mit Propheten, Patriarchen, Priestern, Richtern und Königen genannt. Beachten Sie die

bescheidenen Anfänge jedes dieser Helden und wie Gott sie trotz ihrer Fehler oder schwierigen Lebensumstände gebraucht hat.

- Jakob (1. Mose 27). Beschreiben Sie, wie Jakob sich das Erstgeburtsrecht verschaffte. Haben Sie schon einmal Menschen oder Umstände zu Ihrem Vorteil manipuliert? Was kam dabei heraus?
- Mose (2. Mose 2,1–10). In welcher Gefahr schwebte Mose zu Beginn seines Lebens? Gab es zu Beginn Ihres Lebens Zeiten, wo Sie in Gefahr waren?
- Gideon (Richter 6,11–18). Wie beschreibt Gideon sein Gefühl, unwürdig zu sein? Woher kommt Ihr Gefühl, nicht würdig zu sein?
- Samuel (1. Samuel 1). Samuels Geburt war ein Wunder, aber bedenken Sie, wie Hannah sich gefühlt haben muss, bevor sie schwanger wurde. Haben Sie schon einmal sehr lange auf eine Gebetserhörung gewartet, bis Sie schließlich das bekommen haben, worauf Sie gehofft hatten?
- David (1. Samuel 16,1–13). Welche Hinweise gibt es dafür, dass die Familie David bei dem Opfermahl vergessen hatte? Wurden Sie schon einmal wegen Ihres Alters oder Ihrer Stellung oder wegen anderer Dinge ignoriert – versehentlich oder absichtlich?

Jordan-Fragen

3. Vergleichen Sie das, was die Priester mit der Bundeslade taten (Josua 3,14–17), mit Rahab, die eine rote Schnur aus dem Fenster hängte (Josua 2,17–21).

- Aus welchem Grund könnte Gott einen Glaubensschritt verlangen, bevor er jemandem hilft?
- Hat er schon einmal einen solchen Glaubensschritt von Ihnen verlangt? Was haben Sie getan? Wie wollen Sie in Zukunft reagieren?
- Welche Glaubensschritte sollten Sie heute unternehmen?
- Gibt es irgendetwas, mit dem Sie deutlich machen können, dass Sie an Gott glauben oder dass Sie zu Gott gehören?

4. Rahab erwies sich trotz ihrer Lebensumstände als Frau mit großem Glauben (Josua 2,9–11).
   - Erinnern Sie sich noch an eine harte Zeit in Ihrem Leben und wie Gott dann auf den Plan trat? Inwiefern ähnelte Ihre Situation der von Rahab? Was haben Sie getan? Was kam dabei heraus?
   - Wie hat sich wohl Rahabs Leben nach ihrer Rettung verändert (nachzulesen in Josua 6,25)?

Kanaan-Fragen

5. Lesen Sie Matthäus 1,5.
   - Warum hat Gott Rahab, eine Exprostituierte, wohl zur Ururgroßmutter von König David gemacht und damit auch zur Vorfahrin von Jesus?
   - Rahab hat durch eine rote Schnur deutlich gemacht, dass sie Gott vertrauen wollte. Welche Entscheidungen werden Sie heute treffen, die Auswirkungen auf nachfolgende Generationen haben könnten?
6. Die samaritanische Frau, von der uns im 4. Kapitel des Johannesevangeliums berichtet wird, hatte keine einflussreiche

Stellung inne. Sie stand am Rand der Gesellschaft. Aber nach nur einem Gespräch mit Jesus erzählte sie den Menschen in ihrer Stadt voller Begeisterung von ihm.

- Was ist bei dieser Begegnung mit Jesus passiert, das sie so verändert hat? Inwiefern kann uns das dabei helfen, andere mit Jesus bekannt zu machen?
- Wenn sich in Ihrem Leben deutlicher zeigt, dass Gott mächtig und siegreich ist, wen könnten Sie dann positiv beeinflussen?

Gebet

Jesus, du bist mein Retter. Erinnere mich heute daran, dass mich meine Vergangenheit dank deiner Vergebung nicht von deinen Verheißungen ausschließt. Zeig mir, wie ich bewusst und mutig dieses Leben im verheißenen Land beginnen kann, für das du mich erschaffen hast. Amen.

KAPITEL 5

Packen Sie Ihre Sachen aus

Bibeltext: Josua 3

„Sobald ihr den ersten Schritt ins Wasser des Jordans getan habt, bleibt stehen!“

Josua 3,8 (GN)

Wüsten-Fragen

1. Jimmy Waynes gepackte Tasche war ein Zeichen dafür, dass er sich noch nicht wirklich zu Hause fühlte. Wenn andere Sie beobachten, erkennen sie dann Anzeichen dafür, dass Sie in der Familie Gottes noch nicht ganz angekommen sind?
   - Zweifeln Sie an sich selbst und leben vielleicht deshalb in einer geistlichen Wüste?
   - Wo zweifeln Sie an Gott?
   - Welchen Aspekt von Gottes Charakter müssen Sie noch mehr verstehen lernen, um sich sicher zu fühlen und „auszupacken“?
2. Die Israeliten hätten auch schon 40 Jahre früher ins verheißene Land ziehen können. Aber sie haben die Gelegenheit verpasst, weil sie an Gott gezweifelt haben.
   - Haben Sie schon einmal eine Gelegenheit verpasst, sich geistlich weiterzuentwickeln? Bereuen Sie das? Erzählen Sie davon.

- Was würden Sie anders machen, wenn Sie eine zweite Chance bekämen?
- Was haben Sie aus dieser verpassten Gelegenheit gelernt? Inwiefern bereitet dieses Wissen Sie darauf vor, in Zukunft Gelegenheiten zu ergreifen?

Jordan-Fragen

3. Die Priester haben nur „ihre Füße vorn ins Wasser [getaucht]“ (Josua 3,15; LÜ).
   - Wenn Sie ins Schwimmbecken gehen, tauchen Sie dann auch zuerst nur die Füße ein, waten Sie vorsichtig hinein, machen Sie einen Kopfsprung vom Rand oder sogar eine Bombe vom Dreier?
   - Welche dieser Arten, ins Wasser zu gehen, beschreibt am besten, wie Sie Glaubensschritte gehen?
   - Denken Sie an eine Gelegenheit, bei der Sie einen Glaubensschritt unternommen haben. Wie hat das Ihren Glauben und Ihre Beziehung zu Gott beeinflusst?
   - Zu welchen kleinen Glaubensschritten hat Gott Sie herausgefordert? Ist es Ihnen schwergefallen zu gehorchen? Wie hat Gott Ihr Verhalten gesegnet?
4. Gott hat das Wasser 50 Kilometer oberhalb von der Stelle gestaut, an der die Israeliten den Jordan überquerten, weit außer Sichtweite.
   - Erzählen Sie von einer Gelegenheit, bei der Gott Sie beschützt oder für Sie gesorgt hat, und zwar durch etwas, das er zeitlich oder örtlich weit entfernt von Ihnen getan hat.
   - Wie können Sie ihm dafür danken?

Kanaan-Fragen

5. In dem Kapitel werden drei Bibelstellen besprochen, die von Gottes überwältigendem Schutz erzählen. Lesen Sie Römer 8,38–39, Kolosser 1,13 und Johannes 10,28.
   - Machen Sie sich manchmal Sorgen, dass Sie Ihre Stellung als Kind Gottes verlieren könnten? Wenn ja, wie können diese Verse Sie ermutigen?
   - Was könnte Sie „sicher" machen (Römer 8,38–39), dass diese Verse wahr sind?
6. „Genau wie das Volk Israel wurden auch wir auf dramatische Weise befreit."
   - Erzählen Sie, wie Sie errettet wurden. Wann hat Gott Sie gerettet?
   - Wie könnte es Ihre Einstellung zu Ihrer Zukunft ändern, wenn Sie daran zurückdenken, wie Gott Sie in der Vergangenheit gesegnet hat? Wie wirkt sich das auf Ihre Beziehung zu Gott aus?

Gebet

Herr Jesus, du bist mein Erlöser. Erinnere mich immer wieder daran, dass du mich ein für alle Mal errettet hast, ganz gleich, was ich erlebe und was ich fühle. Ich will mich durch deine Errettung definieren und deine Gnade immer mehr begreifen. Mein Leben hat einen Sinn wegen dem Kreuz und dem, was du dort getan hast. Gestalte mich immer mehr nach deinem Bild um. Amen.

KAPITEL 6

Denken Sie daran, sich zu erinnern

Bibeltext: Josua 4,1–5,12

Dies tat er … damit ihr dem Herrn, eurem Gott, immer mit Ehrfurcht begegnet.

Josua 4,24 (NL)

Wüsten-Fragen

1. Wo haben Sie Angriffe des Teufels bemerkt? Welches Fehlverhalten, welche schlechten Angewohnheiten konnten Sie einfach nicht ablegen?
   - Hat Gott Ihnen schon geholfen, mit diesem Problem fertigzuwerden? In welcher Weise haben Sie ihn dafür gelobt?
   - Kämpfen Sie immer noch mit bestimmten schlechten Angewohnheiten? Fehlern? Wie könnte sich Ihre Sichtweise des Problems verändern, wenn Sie es als geistlichen Kampf betrachten?
2. Denken Sie kurz über Ihr bisheriges Leben nach.
   - Wo haben Sie als Folge Ihrer Entscheidungen Höhen und Tiefen erlebt?
   - Wo mussten Sie wegen der Entscheidungen anderer Kämpfe ausfechten?

Jordan-Fragen

3. Josua und Kaleb mussten 40 Jahre warten, bis sie den Jordan ein weiteres Mal überqueren und ins verheißene Land einziehen konnten.
   - Wie lange warten Sie schon auf das Ende Ihres Kampfes?
   - Was hat Sie davon abgehalten, nach Kanaan einzuziehen?
4. Lesen Sie Epheser 6,12–16.
   - Haben Sie schon einmal gegen „Menschen aus Fleisch und Blut" gekämpft? Haben Sie schon einmal gegen „böse Mächte und Gewalten der unsichtbaren Welt" (NL) gekämpft? Wie erkennt man den Unterschied?
   - Fehlt Ihnen vielleicht ein Teil der „Waffenrüstung Gottes"? Der Gürtel der Wahrheit? Der Brustpanzer der Gerechtigkeit? Die Schuhe des Evangeliums des Friedens? Der Schild des Glaubens?
   - Was würde Ihnen helfen, daran zu denken, die vollständige Waffenrüstung anzulegen, wenn Sie wieder in den Kampf ziehen?

Kanaan-Fragen

5. In Josua 4 wird davon berichtet, dass Gott Josua anweist, einem Dutzend Männer zu sagen, sie sollen jeder einen großen Stein aus dem Flussbett des Jordans holen. Dann baute Josua mit diesen Steinen einen Altar, um die Menschen daran zu erinnern, was Gott für sie getan hatte.
   - Benennen Sie einen Aspekt in Ihrem Leben, an dem Sie Gottes Wirken ganz deutlich erlebt haben. Wie schnell

vergessen Sie solche Erlebnisse, wenn Sie sich neuen Herausforderungen gegenübersehen?

- Was tun Sie, um diese Erinnerung wachzuhalten? Wenn Sie ein Tagebuch haben, in dem Sie sich solche Dinge notieren, sollten Sie es noch einmal lesen. Wenn die Erinnerung mit einem bestimmten Ort verbunden ist, dann gehen Sie noch einmal dorthin.

6. Gott hat die Israeliten auch angewiesen, daran zu denken, zu wem sie gehören. Lesen Sie die folgende Liste von Dingen, die Sie laut Gott sind. Mit welchem Punkt können Sie sich am meisten identifizieren? Welchen Aspekt müssen Sie noch stärker für sich annehmen, wenn Sie das Leben führen wollen, nach dem Sie sich sehnen?
   - Kind (Johannes 1,12)
   - Freund (Johannes 15,15)
   - erlöst (Römer 3,23–24)
   - Miterbe (Römer 8,17, Galater 4,7)
   - neue Schöpfung (2. Korinther 5,17)
   - erwählt, heilig und makellos (Epheser 1,4)
   - Gottes Geschöpf (Epheser 2,10)

Gebet

Jesus, du bist mein Befreier. Erinnere mich an diesem Tag an die Gnade, die du mir in der Vergangenheit erwiesen hast. Hilf mir, daran zu denken, dass du einen liebevollen Plan für mein Leben hast. Ich muss mir keine Sorgen machen, wenn ich mir immer wieder vor Augen führe, zu wem ich gehöre. Amen.

KAPITEL 7

Halten Sie sich an Ihren Anführer

Bibeltext: Josua 5,13–15

Ich bin dein Diener! Was befiehlst du mir, Herr?

Josua 5,14 (GN)

Wüsten-Fragen

1. In diesem Kapitel werden verschiedene Gegner aufgezählt: David gegen Goliath, Elia gegen Isebel, Johannes gegen das römische Kaiserreich. Die Geschichte von Josua gegen die Stadt Jericho beginnt dann in Kapitel 5.
   - Wer ist Ihr Gegner? Wenn Sie Ihren Namen in die erste Lücke einsetzen, was würde dann in der zweiten stehen? Welcher Herausforderung oder welchem Feind sehen Sie sich gegenüber?

     .... gegen ....
   - Haben Sie das Gefühl, dass Sie dieser Herausforderung nicht gewachsen sind?
2. Inwiefern kommt Ihnen diese Herausforderung unüberwindbar vor?
   - Wie wollen Sie auf „feindliches Gebiet" vordringen, um sich dem Kampf zu stellen?

- Manche Gelehrte vermuten, dass Josua allein losgezogen ist, um die Mauern zu inspizieren. Denken Sie an eine Begebenheit, bei der Sie das Gefühl hatten, ganz allein auf feindlichem Gebiet zu sein. Wie ist das Ganze ausgegangen?

Jordan-Fragen

3. Nehmen Sie sich einige Augenblicke Zeit, um Gott anzubeten. Verwandeln Sie Ihr Zimmer gewissermaßen in ein Gotteshaus. Ziehen Sie die Schuhe aus, so wie Gott es Josua geboten hatte (Josua 5,15).
   - Jeder Ort, an dem Gott gegenwärtig ist, ist heilig. Ist er jetzt bei Ihnen? Woher wissen Sie das?
   - Welche Gewissheit gibt Ihnen die Bibel in diesem Punkt? Fangen Sie mit Josua 1,9 und Hebräer 13,5–6 an.
4. Wie ist Ihre typische Körperhaltung, wenn Sie zu Gott beten? Wie wirkt sie sich auf Ihre Einstellung aus?
   - Würden sich Ihre Wortwahl und Ihre Ehrerbietung ändern, wenn Sie sich beim Beten tief verneigen würden?
   - Gibt es bestimmte Körperhaltungen der Anbetung, die Sie sich in der Öffentlichkeit nicht einzunehmen trauen? Warum?
   - Würde sich daran etwas ändern, wenn Sie sich bewusst machen, dass Gott ganz nah bei Ihnen ist?

Kanaan-Fragen

5. Inwiefern rückt das Wissen, dass Jesus Christus, Ihr Freund und Retter, der Anführer von Gottes Armee ist und Ihre Schlachten für Sie schlägt, Ihre Herausforderungen in ein anderes Licht?
   - „Viele tausend Engel" (Hebräer 12,22), vielleicht sogar Zehntausende von Engeln (Offenbarung 5,11) warten auf die Befehle ihres Kommandanten. Wie stellen Sie sich Gottes Armee vor?
   - Was möchten Sie, dass Jesus, Ihr Anführer, mit seiner Armee für Sie tut? Was hindert Sie daran, ihn darum zu bitten? Wie können Sie das loslassen, was Sie hindert?
6. Josua begegnete dem Anführer in der Nähe von Jericho. In welcher Weise hat diese Begegnung ihn wohl beeinflusst?
   - Fühlen Sie sich manchmal so stark, dass Sie es nicht nötig haben anzubeten? Warum?
   - Was können Sie ganz gezielt tun, um sich daran zu erinnern, Gott jeden Tag anzubeten?

Gebet

Jesus, du willst mich führen. Öffne mir die Augen, damit ich die riesige Armee sehe, die unter deinem Befehl steht, und gib mir die Kraft, in Gehorsam und Vertrauen zu leben. Gleichgültig, vor welchen Mauern ich heute stehe, hilf mir, über das Hindernis hinauszusehen und meinen Blick auf dich und deine Macht zu richten. Amen.

KAPITEL 8

Ziehen Sie Ihre Kreise um Jericho

Bibeltext: Josua 6

Jetzt schreit los! Der Herr hat euch die Stadt ausgeliefert.

Josua 6,16 (GN)

Wüsten-Fragen

1. „[Es] gibt … in unserem Leben Festungen. Der Apostel Paulus hat mit diesem Begriff Einstellungen und Denkweisen umschrieben." Er meint damit ein Gedankengebäude, „das sich gegen die Erkenntnis Gottes auftürmt". Mit welcher der „Festungen", die in diesem Kapitel genannt werden, können Sie sich am ehesten identifizieren?
   - Schuld
   - Bitterkeit
   - Selbstmitleid
   - Stolz
   - Selbstablehnung
   - Scheitern
   - Leistung
   - Äußerlichkeiten
   - Materialismus

2. Welche Jericho ähnlichen Festungen hat der Feind auf Ihrem Land errichtet?
   - Wie wurden diese Einstellungen Teil Ihres Lebens?
   - Was könnte der erste Schritt sein, um diese Einstellungen zu überwinden?

Jordan-Fragen

3. Lesen Sie noch einmal das 6. Kapitel des Buches Josua. Wann hat Gott Sie schon einmal aufgefordert, einen Glaubensschritt zu machen und eine solche Festung niederzureißen?
   - Welchen Glaubensschritt sollten Sie tun – obwohl er Ihnen seltsam vorkam?
   - Was hat Gott getan, nachdem Sie diesen Glaubensschritt gegangen sind?
   - Wie können Sie dafür sorgen, dass Sie Gott bei Ihren Kämpfen nicht aus den Augen verlieren?
   - Was steht Ihnen laut 2. Korinther 10,3–4 bereits zur Verfügung, um „feindliche Festungen zu zerstören"?
   - Lucado nennt drei geistliche Waffen im Kampf gegen solche Festungen: Anbetung, die Bibel und das Gebet. Welche davon haben Sie am besten „geschärft"?
   - Was können Sie tun, um sich auch in den anderen beiden Bereichen weiterzuentwickeln? Vielleicht, indem Sie Anbetungsmusik hören, jeden Tag noch einen weiteren Abschnitt in der Bibel lesen oder sich mehr Zeit nehmen, um gegen die Festungen in Ihrem Leben anzubeten.

Kanaan-Fragen

4. Denken Sie an die Festungen, die Sie bei den Fragen 1 und 2 genannt haben:
   - Wie würde Ihr Leben aussehen, wenn Sie nicht gegen diese Einstellungen und Denkweisen ankämpfen müssten?
   - Könnte Ihnen die Überwindung eines solchen „Stolpersteines" dabei helfen, auch einen zweiten in Angriff zu nehmen? Wo könnten Sie anfangen?
5. Lernen Sie heute einen der folgenden Bibelverse auswendig und nehmen Sie den Sieg Christi über diese Festung für sich in Anspruch.
   - „Aber mitten in alldem triumphieren wir als Sieger mithilfe dessen, der uns so sehr geliebt hat" (Römer 8,37; GN).
   - „Allem bin ich gewachsen durch den, der mich stark macht" (Philipper 4,13; GN).

Gebet

Jesus, du schenkst mir Zuversicht. Hilf mir, die geistlichen Festungen niederzureißen, die mich mit ihren feindlichen Mauern umschließen. Reiß die Mauern der Furcht, der Wut, der Bitterkeit, der Vorurteile ein. Ich will mein Leben im verheißenen Land voller Freude leben! Hilf mir dabei. Amen.

KAPITEL 9

Sachen helfen nicht

Bibeltext: Josua 7

Achan antwortete: „Ja, es ist wahr, ich habe gegen den Herrn, den Gott Israels, gesündigt. Folgendes habe ich getan: …"

Josua 7,20 (NL)

Wüsten-Fragen

1. In Josua 6,18–19 steht, dass die Israeliten nichts aus Jericho für sich selbst behalten sollten. Diese Anordnung Gottes widersprach völlig der damals üblichen Praxis. Stattdessen sollten die Israeliten darauf vertrauen, dass Gott ihre Bedürfnisse stillen würde.
   - An welchen Dingen hängen Sie am meisten? Worauf könnten Sie am schwersten verzichten?
   - In welchem Bereich Ihres Lebens fällt es Ihnen am schwersten, Gott zu vertrauen? Arbeit? Familie? Beziehungen? Oder wie ist es mit Ihrem Geld, Ihrem Haus oder Ihrer Gesundheit?
   - Warum klammern Sie sich so sehr an diesen Bereich Ihres Lebens?
   - Wie können Sie Gott ganz praktisch zeigen, dass Sie ihm auch in den Dingen vertrauen, die Ihnen am meisten am Herzen liegen? Können Sie diese Woche etwas verschen-

ken, das Ihnen wichtig ist, um zu zeigen, dass es für Sie nicht so wichtig ist wie Gott?

2. Die Angaben in 5. Mose 8,4 und 29,4 zeigen, dass Gott in einer scheinbar kleinen, aber doch sehr wichtigen Sache für die Israeliten gesorgt hat: Ihre Kleidung und ihre Sandalen haben sich vierzig Jahre lang nicht abgetragen!
   - Wo hat Gott in Kleinigkeiten für Sie gesorgt, die aber doch sehr bedeutend waren?
   - Vor welcher großen Herausforderung stehen Sie im Augenblick? Vertrauen Sie darauf, dass Gott das in der Hand hat?

Jordan-Fragen

3. Wir haben jeden Tag die Gelegenheit, Gott in großen und kleinen Dingen gehorsam zu sein.
   - In welchen kleinen Entscheidungen, die Sie täglich treffen, halten Sie sich an Gottes Gebote?
   - Wie werden Sie durch diese kleinen Entscheidungen auf die größeren vorbereitet?
4. „Es war nicht so, dass die Leute von Ai tolle Kämpfer gewesen wären. Vielmehr war das Lager der Israeliten gewissermaßen verseucht."
   - Welche Ihrer Entscheidungen könnten Sie und Ihr „Lager" verseuchen?
   - Wie können Sie diese Dinge am besten bekennen? Gibt es jemanden, bei dem Sie sich aussprechen können und bei dem Ihre Zweifel und Kämpfe sicher aufgehoben sind? Tun Sie das in dieser Woche.

Kanaan-Fragen

5. Gibt es jemanden, den Sie bewundern, weil er oder sie Gott wirklich in allen Bereichen des Lebens vertraut? Können Sie sich mit dieser Person verabreden? Wenn Sie sich nicht persönlich treffen können, können Sie dieser Person dann am Telefon oder in einer E-Mail ein paar Fragen stellen? Sprechen Sie mit ihr über folgende Dinge:
   - „Wie führst du dir selbst immer wieder vor Augen, dass du Gott vertrauen kannst?"
   - „Welche Bibelstellen ermutigen dich dazu, Gott zu vertrauen?"
   - „Hast du Gott schon einmal *nicht* vertraut? Was ist dann geschehen? Was hast du daraus gelernt?"
6. „Wir kommen in dem Maß in den Genuss des Lebens, nach dem wir uns zutiefst sehnen, in dem wir Gott vertrauen."
   - Wie können Sie Ihr Vertrauen in Gott vertiefen? Welche geistlichen Übungen könnten Ihnen dabei helfen?
   - Inwiefern „investieren Sie in die himmlische Währung"? Wie sieht das in Ihrem Leben konkret aus?

Gebet

Jesus, du bist mein König. Zeige mir, wenn ich dir einen Aspekt meines Lebens nicht anvertraut habe. Wenn ich irgendeinen „Schatz" vor dir vergraben habe, dann bring das ans Licht. Hilf mir, mich wieder neu in allen Bereichen von dir abhängig zu machen. Ich will dir vertrauen. Amen.

KAPITEL 10

Versagen ist nicht das Ende

Bibeltext: Josua 8,1–29

Wer nun mit Jesus Christus verbunden ist, wird von Gott nicht mehr verurteilt.

Römer 8,1 (Hfa)

Wüsten-Fragen

1. Nach dem großen Versagen bei Ai war Josua am Ende. Er schrie zu Gott: „Ach, Herr, warum hast du uns über den Jordan geführt? Etwa damit uns die Amoriter besiegen und umbringen?“ (Josua 7,7; Hfa).
   - Warum hat Gott wohl zugelassen, dass Josua versagte?
   - Haben Sie schon einmal so reagiert wie Josua und sich gefragt, warum Gott zugelassen hat, dass Sie versagen? Aus welchen Gründen könnte er das getan haben?
2. Es ist eine Sache zu versagen, aber eine andere, sich als Versager zu fühlen.
   - Wann haben Sie schon einmal schmerzlich Ihr Versagen zu spüren bekommen? Wo würden Sie sich derzeit auf einer Skala von 1 bis 10 selbst einstufen (1 steht für „versagen“, 10 für „Erfolg haben“)? Warum schätzen Sie sich so ein?
   - Beschäftigt Ihr Versagen Sie heute noch? Wie sehr sind Sie in Ihrem geringen Selbstwertgefühl gefangen?

- Was haben Sie aus Ihrem Versagen gelernt? Können Sie Fehler benennen, die später doch noch ein gutes Ende genommen haben?

Jordan-Fragen

3. „Wer nun mit Jesus Christus verbunden ist, wird von Gott nicht mehr verurteilt" (Römer 8,1; Hfa).
   - Wo haben Sie doch das Gefühl, dass Sie für Ihr Versagen oder Ihre Fehler verurteilt werden?
   - Wenn Gott Sie nicht verurteilt, woher kommt dann das Gefühl, verurteilt zu werden?
   - Lesen Sie Römer 8,26. Wie kann dieser Vers Sie ermutigen, wenn Sie sich hilflos fühlen?
4. In Lukas 15 lesen Sie die Geschichte vom verlorenen Sohn, der ganz tief unten landete. Ihm dämmerte der Ernst seiner Lage, als er sogar Schweinfutter essen wollte.
   - Haben Sie schon einmal erlebt, dass Ihnen Ihre Lage oder Ihre Sünde auf ähnliche Weise bewusst wurde? Wie war das, so aufzuwachen?
   - Haben Sie schon einmal versagt, *nachdem* Sie Ihre Schuld bekannt hatten? Was haben Sie getan? War es schmerzhafter oder leichter aufzuwachen als beim ersten Mal? In Jakobus 4,6 heißt es: „Doch er gibt noch größere Gnade" (EÜ). Wann sind Sie auf diese größere Gnade von Gott angewiesen?

Kanaan-Fragen

5. „Gott lädt Sie ein, in das verheißene Land einzuziehen – und dieses Angebot hängt nicht davon ab, wie perfekt Sie sind, sondern davon, wie perfekt er ist."
   - Nehmen Sie ein Blatt Papier, und schreiben Sie auf die linke Seite, wo Sie glauben, versagt zu haben, wo Sie sich unwürdig fühlen oder wo Sie das Gefühl haben, leicht Fehler zu machen.
   - Schreiben Sie auf die rechte Seite eine Eigenschaft von Jesus, die Sie in den nachfolgenden Versen finden: Matthäus 9,36; Markus 1,41 und 10,45; Lukas 23,34; Johannes 14,14 und 15,12–13; Philipper 2,8.
   - Wie können Sie sich auf die Eigenschaften Jesu stützen, die Sie in die rechte Spalte geschrieben haben?
6. Wie können Sie sich bewusster darauf verlassen, dass Jesus im Gegensatz zu Ihnen fehlerfrei ist?
   - In welchem Bereich Ihres Lebens haben Sie das Gefühl, es gerade so zu schaffen? Wie können Sie sich in diesem Bereich mehr auf Jesus stützen?
   - Lernen Sie einen der Verse aus Frage 5 auswendig.

Gebet

Jesus, du schenkst mir Gelingen. Erinnere mich daran, dass du mein Versagen gebrauchst, um mir zu zeigen, wie groß deine Gnade ist. Schenke mir die Gewissheit, dass ich mein Leben erfolgreich leben kann, weil du vollkommen bist. Gib mir die Kraft, deinem liebevollen Plan zu folgen und nicht meinem eigenen. Amen.

KAPITEL 11

Stimmen, Entscheidungen und die Folgen

Bibeltext: Josua 8,30–35

„Denen aber, die mich lieben und meine Gebote befolgen, werde ich bis in die tausendste Generation gnädig sein."

2. Mose 20,6 (NL)

Wüsten-Fragen

1. „Wir führen das Leben, nach dem wir uns sehnen, wenn wir die richtigen Entscheidungen treffen. Wenn wir das nicht tun, bekommen wir Probleme."
   - Was war die beste Entscheidung, die Sie je getroffen haben? Was war die schlechteste?
   - Was waren die Folgen dieser Entscheidungen?
   - Auf welche Stimmen haben Sie gehört, als Sie diese Entscheidungen getroffen haben?
2. Viele Stimmen dringen auf uns ein: guter Rat von Freunden. Die Medien, die uns auf den neuesten Trend stoßen. Das Wort Gottes.
   - Auf welche Stimmen hören Sie am häufigsten? Auf die lauteste Stimme? Oder die penetranteste?
   - Was passiert, wenn Sie Gottes Wort folgen?

Jordan-Fragen

3. Nur wenige Beschreibungen sind so tiefgründig wie die eines oberflächlichen Christen im Jakobusbrief: „Allerdings genügt es nicht, seine Botschaft nur anzuhören; ihr müsst auch danach handeln. Alles andere ist Selbstbetrug!“ (1,22; Hfa).
   - Nennen Sie eine Sache, von der Sie wissen, dass Sie sie aus Gehorsam Gott gegenüber tun sollten, die Sie aber bisher noch nicht getan haben. Gibt es ein Gebot, bei dem es Ihnen schwerfällt, es zu befolgen? Warum ist das wohl so?
   - Verbirgt sich dahinter vielleicht eine Lüge, die Sie davon abhält, im verheißenen Land zu leben? Gibt es Irrtümer über Sie selbst, über Gott oder andere, denen Sie aufgesessen sind? Was können Sie heute dagegen unternehmen?
4. Welche Bibelstellen ermutigen Sie dazu, die Bibel nicht nur zu lesen, sondern das Gelesene auch in die Praxis umzusetzen? Fangen Sie mit den folgenden Bibelstellen an:
   - 5. Mose 31,6; Psalm 16,8; Psalm 46,2–4; Psalm 55,23; Psalm 86,7; Sprüche 3,5–6; Jesaja 41,10; Lukas 18,27; Johannes 14,27; Johannes 16,33; Römer 8,31; 2. Korinther 4,17; Philipper 1,6; Kolosser 3,15; 2. Timotheus 1,7 und 1. Petrus 5,7.
   - Schreiben Sie einen dieser Verse auf ein Kärtchen, und hängen Sie es so auf, dass Sie es mehrmals am Tag sehen und lesen können.

Kanaan-Fragen

5. Gott verspricht uns: „Doch denen, die mich lieben und sich an meine Gebote halten, bin ich gnädig. Über Tausende von Generationen werden auch ihre Nachkommen meine Liebe erfahren“ (2. Mose 20,6; Hfa).
   - Welche Auswirkungen hat Ihr Gehorsam gegenüber Gottes Geboten auf Ihr Leben? Auf das Ihrer Kinder? Und auf das Ihrer Enkel?
   - Nennen Sie ein oder zwei Gebote, die Sie wirklich ernst nehmen. Wie wird sich Ihr Gehorsam wohl auf Ihr Umfeld auswirken?
6. Welches sind die positiven Stimmen in Ihrem Leben – Menschen, die Sie ermutigen, Gott nachzufolgen?
   - Wie könnten Sie es einrichten, jede Woche oder jeden Monat mehr Zeit mit diesen Personen zu verbringen?
   - Haben Sie diesen Personen schon einmal gezeigt, wie wichtig ihre Worte für Sie sind? Wie können Sie das in dieser Woche tun?

Gebet

Jesus, du bist die beste Stimme, die zu mir spricht. Ich sehne mich so sehr danach, dass du mich segnest, aber so oft nehme ich mir nicht die Zeit, in der Bibel zu lesen. Mach mir die Bedeutung deiner Worte neu bewusst und lass mich deine Stimme ganz deutlich hören. Amen.

KAPITEL 12

Beten Sie kühn

Bibeltext: Josua 9–10

Er tritt für uns ein, daher dürfen wir mit Zuversicht und ohne Angst zu Gott kommen. Er wird uns seine Barmherzigkeit und Gnade zuwenden, wenn wir seine Hilfe brauchen.

Hebräer 4,16 (Hfa)

Wüsten-Fragen

1. Lesen Sie Josua 9,1–18 und den Vertrag mit den Gibeonitern.
   - Wurden Sie schon einmal so manipuliert oder hereingelegt wie Josua hier?
   - Welchen wichtigen Schritt hatte Josua bei einer so weitreichenden Entscheidung ausgelassen?
   - Haben Sie das bei einer weitreichenden Entscheidung auch schon mal getan? Haben Sie es bereut?
2. Wie verstellt sich der Feind, um Sie hereinzulegen?
   - Welche Gelegenheiten schienen gut zu sein, waren aber in Wirklichkeit keine gute Idee?
   - In welchen Situationen neigen Sie dazu, zu viel zu versprechen und es dann nicht halten zu können?
   - Gibt es in Ihrem Leben jemanden, der Sie drängt oder manipuliert, Dinge zu tun, die unklug sind?

Jordan-Fragen

3. Sowohl Martin Luther als auch John Wesley werden in diesem Kapitel als Beispiele kühner Beter zitiert.
   - Kennen Sie jemanden, der so kühn betet? Warum kann diese Person wohl so beten?
   - Wofür sollten Sie heute mutig beten?
4. Nehmen Sie sich jetzt Zeit, für Herausforderungen oder sich Ihnen bietende Gelegenheiten zu beten.
   - Was können Sie heute anders machen, um kühner zu beten? Die Körperhaltung verändern? Einen anderen Tonfall wählen?
   - Verwenden Sie beim Beten häufig bestimmte Worte? Können Sie mit anderen Worten vielleicht besser ausdrücken, was Sie bewegt?

Kanaan-Fragen

5. Welche weitreichenden Entscheidungen müssen Sie im kommenden Monat oder Jahr treffen?
   - Nehmen Sie sich fest vor, diese Entscheidungen zuerst im Gebet vor Gott zu bringen.
   - Fällt es Ihnen schwer, bestimmte Dinge vor Gott zu bringen? Was hindert Sie daran? Wie können Sie den Mut finden, Ihre Entscheidungen mit Gott zu besprechen?
6. „Darum wollen wir mit Zuversicht vor den Thron unseres gnädigen Gottes treten. Dort werden wir, wenn wir Hilfe brauchen, stets Liebe und Erbarmen finden“ (Hebräer 4,16; GN).

- Wie können Sie „mit Zuversicht“ vor den Thron Gottes treten?
- Wie können Sie es sich in dieser Woche zur Gewohnheit machen, zuversichtlich und kühn zu beten?

Gebet

Jesus, du bist mein Retter. Ich weiß, dass du meine Gebete hörst, aber manchmal erbitte ich einfach nicht genug. Ich zweifle. Ich warte zu lange. Schenk mir Mut, mit dir zu sprechen, damit ich auch meine gewagtesten Wünsche und meine verrücktesten Träume zu dir bringe. Amen.

KAPITEL 13

Seien Sie Sie selbst

Bibeltext: Josua 11–22

Jeder achte genau auf sein eigenes Leben und Handeln, ohne sich mit anderen zu vergleichen. Schließlich ist jeder für sein eigenes Verhalten verantwortlich.

Galater 6,4–5 (NL)

Wüsten-Fragen

1. „Sie sind die erste, die endgültige Fassung Ihrer selbst, vom Himmel persönlich gemacht. Sie sind einmalig, nie da gewesen und ohnegleichen. Deshalb können Sie etwas tun, das niemand sonst tun kann, und das auf eine Art und Weise, wie niemand sonst es tun kann."
   - Beschreiben Sie Eigenschaften und Charakterzüge, die Sie so einmalig machen.
   - Danken Sie Gott für die Gaben, die er Ihnen geschenkt hat. Überlegen Sie dann, ob Sie diese Gaben wirklich einsetzen. Wie können Sie Ihre Gaben weiterentwickeln? Wie können Sie Ihre Gaben wieder in Gottes Reich „investieren"?
2. Die Israeliten waren in mancher Hinsicht faul und nutzten das Land, das sie bekommen hatten, nicht vollständig, oder sie vertrieben die dort lebenden Feinde nicht.

- Wo haben Sie Ihre Gaben noch nicht voll entwickelt?
- Welche Gott gegebenen Fähigkeiten haben Sie, die Sie weiterentwickeln und zum Wohl anderer einsetzen könnten?

Jordan-Fragen

3. Wann haben Sie das Gefühl, Ihr Bestes zu geben und Erfolg zu haben?
   - Was erreichen Sie gewöhnlich, wenn Sie einen „glorreichen Tag“ haben?
   - Was machen Sie gewöhnlich an Tagen, die alles andere als „glorreich“ sind?
4. „Denn wir sind Gottes Schöpfung. Er hat uns in Christus Jesus neu geschaffen, damit wir zu guten Taten fähig sind, wie er es für unser Leben schon immer vorgesehen hat“ (Epheser 2,10; NL).
   - Welche Gaben und Fähigkeiten hat Gott Ihnen gegeben, die Ihr Leben verändert haben?
   - Wie setzen Sie diese Gaben für andere ein?

Kanaan-Fragen

5. „Keiner bekommt alles, aber jeder bekommt etwas.“
   - Haben Sie sich schon einmal mehr oder andere Gaben gewünscht?
   - Bei welchen Gaben können Sie zugeben, dass Sie sie nicht haben?
   - Was ist Ihr „etwas“, für das Sie Gott danken können?

6. „Die Fähigkeiten zeigen, wo die Berufung liegt."
   - Welche Ihrer Fähigkeiten könnte Ihnen etwas über Ihre Zukunft verraten?
   - Wie entfalten Sie Ihre Fähigkeiten, um sich auf die Zukunft vorzubereiten?
7. „Seien Sie Sie selbst."
   - Wie würden Sie sich selbst beschreiben?
   - Stellen Sie sich vor, wie diejenigen, die Sie lieben und schätzen, Ihre Gaben beschreiben würden. Was würden sie wohl als Ihre stärkste Gabe bezeichnen?
   - Denken Sie einmal darüber nach, wo Gott Sie in Situationen gestellt hat, in denen Sie Ihre Gaben einsetzen konnten.

Gebet

Jesus, du bist meine Inspiration. Mach mich selbstbewusst, und hilf mir, meine Fähigkeiten und Gaben für dich einzusetzen. Schenk mir echte Demut, sodass ich mich nicht über- oder unterschätze, sondern mich genau so sehe, wie du mich gemacht hast. Amen.

KAPITEL 14

Ein von Gott erfüllter Verstand

Bibeltext: Josua 14,6–15

Durch die mächtige Kraft, die in uns wirkt, kann Gott unendlich viel mehr tun, als wir je bitten oder auch nur hoffen würden.

Epheser 3,20 (NL)

Wüsten-Fragen

1. Lesen Sie Josua 14,6–12. Kaleb betont in seiner Rede immer wieder die Worte „der Herr“, um zu zeigen, dass Gott die Hauptperson der Geschichte ist. Das zentrale Thema in Kalebs Gedanken scheint immer „der Herr“ zu sein.
   - Welche Dinge lenken Sie davon ab, sich auf Gott zu konzentrieren?
   - Ist es „die Wirtschaftslage“ oder „der Blödmann“? Ist es „meine Mutter“ oder „meine Arbeit“? Welche Menschen, Umstände oder Ereignisse beherrschen Ihre Gedanken, die Sie gern durch Gedanken an Gott ersetzen würden?
   - Wie würde sich Ihre Sicht dieser Menschen, Umstände oder Ereignisse, die Sie ablenken, ändern, wenn Ihre Gedanken primär um Gott kreisen würden?
2. Für den Psalmisten sind das „Hermongebirge“ und der

„Berg Misar" Orte großer Prüfungen und Schwierigkeiten (Psalm 42,7).

- Welche Orte oder Situationen haben in Ihrem Leben große Prüfungen und Schwierigkeiten mit sich gebracht?
- Wie können Sie Gott ganz bewusst in diese Erinnerungen einfügen? Wo können Sie erkennen, dass er in diesen Situationen am Werk war/ist?

Jordan-Fragen

3. In einigen Bibelübersetzungen heißt es in Kolosser 3,2: „Trachtet nach dem, was droben ist …"
   - Welche Ihrer Gewohnheiten helfen Ihnen, Ihre Gedanken auf das zu richten, was oben ist?
   - Denken Sie an jemanden, dessen Glaubenstiefe Sie bewundern. Wie können Sie seinem oder ihrem Beispiel folgen?
4. In diesem Kapitel ging es um drei wichtige Schritte, mit deren Hilfe wir Kalebs Beispiel folgen können. Denken wir einmal über jeden der drei Punkte nach.
   - *Füllen Sie Ihren Verstand mit Gedanken an Gott.* Auf einer Skala von 1 bis 10: Wie sehr sind Ihre Gedanken mit Gott erfüllt? Was können Sie heute tun, damit Sie noch häufiger oder intensiver über Gott nachdenken?
   - *Stellen Sie sich Zweiflern gegenüber taub.* Welche Gewohnheiten würden Ihnen dabei helfen?
   - *Richten Sie Ihre Gedanken auf ein heiliges Ziel aus.* Von welchem heiligen Ziel haben Sie den Eindruck, dass Gott Sie dazu auffordert, Ihre Gedanken darauf zu richten?

Welche große Sache würden Sie gern zu Gottes Ehre verwirklicht sehen?

Kanaan-Fragen

5. Gott kann „unendlich viel mehr tun, als wir je bitten oder auch nur hoffen würden“ (Epheser 3,20; NL).
   - Denken Sie an ein paar Zahlen oder Statistiken, die zeigen würden, wie das Leben im verheißenen Land in Ihrem Fall aussehen würde. Es können verlorene Kilos sein oder die Anzahl von Kunden, Tage ohne Alkohol oder Jahre in Rente. Es kann um Ihr Gehalt gehen, Investitionen oder eine Lohnerhöhung. Aber denken Sie auch an Dinge, die nichts mit Geld zu tun haben.
   - Wenn Sie Gott an Ihrer Seite haben, können diese Dinge dann Wirklichkeit werden? Was hindert Sie?
   - Was wäre „unendlich viel mehr“ in Zahlen? 20 Prozent mehr? 50 Prozent mehr? 100 Prozent mehr?
   - Multiplizieren Sie das, woran Sie gerade gedacht haben, mit diesem Prozentsatz, und bitten Sie Gott darum, es zu tun – zu seiner Zeit und auf seine Weise.
6. Dieses „unendlich viel mehr“ aus dem Epheserbrief kann sowohl quantitativ als auch qualitativ gemeint sein.
   - Haben Sie Träume, die positive Auswirkungen auf die Menschen in Ihrem Umfeld hätten oder wichtiger sind als andere?
   - Können Sie sich ein Ziel vorstellen, von dem Gott hofft, dass Sie ihn darum bitten?

Gebet

Jesus, hilf mir, meine Aufmerksamkeit heute ganz auf dich und deinen liebevollen Plan für mein Leben zu richten. Erneuere mich und richte meine Gedanken ganz auf dich aus. Hilf mir, die Welt mit deinen Augen zu sehen, damit ich ein verheißenes Land sehe, das alle meine Bitten und Vorstellungen übersteigt. Amen.

KAPITEL 15

Kein Wort fällt unter den Tisch

Bibeltext: Josua 21,43–45

So hatte der Herr nun alle seine Zusagen erfüllt; nichts war ausgeblieben von all dem Guten, das er seinem Volk Israel versprochen hatte. Es war alles eingetroffen.

Josua 21,45, (GN)

Wüsten-Fragen

1. Hat Ihnen schon einmal jemand etwas versprochen und dann sein Wort gebrochen?
   - Wie sehr haben Sie dieser Person vor dem Wortbruch vertraut?
   - Wie haben Sie sich gefühlt, als Ihr Vertrauen missbraucht wurde?
   - Hat Gott schon einmal sein Wort Ihnen gegenüber gebrochen? Bei welchen Verheißungen haben Sie das Gefühl, dass sie noch nicht erfüllt wurden, aber noch wahr werden könnten?
   - Wann erfüllten sich die Verheißungen für Israel?
2. Wenn Sie versuchen, die Botschaft dieses Buches wirklich in Ihrem Leben umzusetzen, werden Sie hin und wieder an

eine Weggabelung kommen, an der ein Weg Richtung Glaube und der andere Richtung Unglaube führt. Wählen Sie dann den Glauben.

- An welchen Kreuzungen von Glaube und Unglaube haben Sie schon gestanden? Wann wurde Ihr Vertrauen in Gott auf die Probe gestellt?
- Mit welchen Kreuzungen rechnen Sie noch? Welcher Teil von Josuas Geschichte kann Sie auf diesen Tag vorbereiten?

Jordan-Fragen

1. In diesen wenigen Versen, im Kern des Buches Josua, wird dreimal auf die erfüllten Verheißungen hingewiesen: „Der Herr gab den Israeliten das ganze Land, das er ihren Vorfahren mit einem Eid zugesagt hatte" (Vers 43); „Der Herr verschaffte ihnen Ruhe und Frieden … wie er es ihren Vorfahren versprochen hatte" (Vers 44), und: „… nichts war ausgeblieben von all dem Guten, das er seinem Volk Israel versprochen hatte. Es war alles eingetroffen" (Vers 45).
   - Können Sie drei Gelegenheiten nennen, bei denen Gott sein Wort Ihnen gegenüber gehalten hat?
   - Nehmen Sie sich jetzt Zeit fürs Gebet und danken Sie Gott für seine Liebe und Treue.
2. „Glaube ist eine Entscheidung, und ich entscheide mich dafür zu glauben."
   - Wann haben Sie das nächste Mal Gelegenheit, Ihrer Familie oder Ihren Freunden zu erzählen, dass Sie sich für den Glauben entschieden haben und dabei bleiben werden?

- Ihre Freunde oder Angehörigen warten vielleicht darauf zu sehen, ob Sie auch dann noch an Ihrem Glauben festhalten, wenn es Herausforderungen oder Schwierigkeiten gibt. Wie können Sie sich darauf vorbereiten, standhaft zu bleiben, wenn es so weit ist?

Kanaan-Fragen

3. Wie würde Ihr Leben aussehen, wenn Sie es mit mehr Vertrauen in Gottes Verheißungen leben würden?
   - Wie würden Sie auf schwierige Situationen reagieren, wenn Sie stärker an Gottes Verheißungen glauben würden?
   - Welches problematische oder suchtähnliche Verhalten würde seine Anziehungskraft verlieren, wenn Sie fester an eine von Gottes Verheißungen glauben würden?
4. In diesem Kapitel wurden verschiedene Verheißungen Gottes angeführt. Schlagen Sie einige davon in der Bibel nach, und markieren Sie sich die, die Sie besonders ansprechen. Nehmen Sie eine davon für sich in Anspruch und lernen Sie sie auswendig.
   - Psalm 30,6
   - Psalm 34,20
   - Psalm 41,4
   - Jesaja 43,2
   - Johannes 14,1–2
   - 2. Korinther 12,9

Gebet

Jesus, du bist meine Verheißung. Erinnere mich heute daran, wie vertrauenswürdig du bist. Überzeuge mich von deinen Verheißungen und lass mich deine Gegenwart spüren. Du machst keine leeren Worte. Gib mir ein unerschütterliches Vertrauen in deine Verheißungen. Amen.

KAPITEL 16

Gott kämpft für Sie

Bibeltext: Josua 23

Der Herr schützt dich vor allem Unheil, er bewahrt dein Leben. Er gibt auf dich Acht, wenn du aus dem Hause gehst und wenn du wieder heimkehrst. Jetzt und für immer steht er dir bei!

Psalm 121,7–8 (Hfa)

Wüsten-Fragen

1. Was ist in Ihrem Leben passiert, seit Sie angefangen haben, dieses Buch zu lesen? Gab es Kämpfe und Siege? Prüfungen und Herausforderungen?
   - Wo holt Gott Sie schon aus der Wüste und hilft Ihnen, ins verheißene Land einzuziehen?
   - Wo haben Sie das Gefühl, noch immer am Ostufer des Jordans zu stehen?
2. Wo haben Sie in den vergangenen Monaten erlebt, dass Gott bei Ihnen war und Sie bewahrt hat?
   - Wann haben Sie gespürt, dass Gott auf Sie achtgegeben hat?
   - Wo war das Böse nicht in der Lage, Sie zu Fall zu bringen? Würden Sie sagen, dass Jesus Ihnen bei diesen Gelegenheiten geholfen hat?

Jordan-Fragen

3. Zu welchen Glaubensschritten fordert Gott Sie vielleicht als Antwort auf das, was Sie gelernt haben, auf?
    - Überlegen Sie sich ein Dutzend Glaubensschritte, die Sie jetzt sofort unternehmen könnten.
    - Streichen Sie die Liste auf die wichtigsten drei zusammen. Bitten Sie Gott, Sie bei der Auswahl zu führen. Fangen Sie dann mit einem Schritt an.
    - Wem können Sie Rechenschaft darüber ablegen, ob Sie diesen Schritt auch tatsächlich gegangen sind?
4. Lesen Sie Psalm 121.
    - Wo sind Sie versucht, sich nicht von Gott, sondern von etwas oder jemand anderem helfen zu lassen?
    - Inwiefern beschreibt Vers 5 Gottes Nähe zu Ihnen?
    - Wann passt Gott auf Sie auf und wie lange tut er das?

Kanaan-Fragen

5. In diesem Kapitel werden Sie als Grizzlybär beschrieben, der Gottes Schwert schwingt, und die Sorgen, die Ihnen zu schaffen machen, als Ratten, die vor Ihnen fliehen.
    - Wo brauchen Sie Gottes Schutz? Stellen Sie sich diese Herausforderung jetzt als Ratte vor, die panisch vor Gott davonrennt. Inwiefern hilft Ihnen dieses Bild, Bedrohungen auf angemessenere Weise zu sehen?
    - Gott sei Dank für Bärenkräfte und dass er Ihnen hilft, Situationen erfolgreich zu bewältigen! Danken Sie Gott jetzt bewusst dafür, dass er für Sie kämpft.

- Wie würden Sie zusammenfassen, was Sie in diesem Buch und den weiterführenden Fragen über Jesus und die Kämpfe, die er mit Ihnen und für Sie ausficht, gelernt haben?

Gebet

Jesus, meine Herrlichkeit, hilf mir zu erkennen, wo du in kleinen Dingen jeden Tag für mich kämpfst. Danke für alles, was du für mich tust! Ich gehöre zu dir und wünsche mir, dass ich mit deiner Hilfe immer mehr das Leben führe, nach dem ich mich sehne! Amen.

DANKSAGUNG

Dieses Buch gibt es nur, weil die folgenden Menschen Tag für Tag auftauchen, gute Entscheidungen treffen, wertvolle Änderungen vorschlagen und wissen, wann sie mir in den Hintern treten und wann sie mich in den Arm nehmen müssen:

Meine Lektoren: Liz Heaney, Karen Hill, Carol Bartley und David Drury.

Meine Berater und Freunde fürs Leben: Steve und Cheryl Green.

Das Verlagsteam von *Thomas Nelson*: Mark Schoenwald, David Moberg, Laura Minchew und Dutzende anderer wunderbarer Menschen, die verwalten, verkaufen und umsetzen.

Meine Marketing-Genies: Greg und Susan Ligon, Jana Muntsinger und Pamela McClure.

Meine Partner beim Radiosender: Peggy Campbell, Evelyn Gibson und das Team der *Ambassador Advertising Agentur*.

Die *Oak Hills*-Gemeinde mit ihren Mitarbeitern, besonders Randy Frazee, Mark Tidwell, Janie Padilla, Margaret Mechinus und Dave Treat.

Und meine Familie: Brett, Jenna, Andrea, Jeff, Sara und Andy. Ich freue mich jeden Tag über euch.

Und meine wunderbare Frau Denalyn. Was Josua für die Israeliten tat, tust du jeden Tag für mich: Du führst mich aus der Wüste heraus. Ich werde nie aufhören, dich zu lieben.

ANMERKUNGEN

Kapitel 1

1 Wood, Bryant G.: „Conquest Confusion at Yale". Auf: www.BibleArcheology.org, 20. November 2012. Siehe auch: Ronald B. Allen: „The Land of Israel". In *Israel: The Land and the People. An Evangelical Affirmation of God's Promises.* H. Wayne House, Hrsg., Kregel Publications, Grand Rapids 1998, S. 17–18 u. 24. Kaleb sagt, er war vierzig Jahre alt, als er als Kundschafter nach Kanaan ging (Josua 14,7). Die Israeliten waren vierzig Jahre in der Wüste (2. Mose 16,35). Sie zogen nach der Rückkehr der Kundschafter noch 38 Jahre durch die Wüste. Das heißt, Kaleb war 78 Jahre alt, als die Eroberung begann. In Josua 14,10 heißt es von Kaleb, er sei 85 Jahre alt. Das waren 45 Jahre der Gnade von Gott seit Kadesch-Barnea (38+7).

2 Gangel, Kenneth O.: *Holman Old Testament Commentary: Joshua.* Max Anders, Hrsg., B&H, Nashville 2002, S. 2.

3 REVEAL-Studie zum geistlichen Leben 2007–2014. Mehr über die REVEAL-Studie finden Sie in dem Buch *Prüfen: Aufrüttelnde Erkenntnisse der REVEAL-Studie*, von Greg L. Hawkins und Cally Parkinson, Gerth Medien GmbH, Asslar 2009.

4 „The Global Religious Landscape". In: *Pew Research Religion & Public Life Project*, 18. Dezember 2012. http://www.pewforum.org/2012/12/18/global-religious-landscape-exec.

Kapitel 2

1 4. Mose 26,2 und 51.

2 Peterson, Eugene H.: „Introduction to Josua" in der englischen Bibelausgabe *The Message Remix: The Bible in Contemporary Language.* NavPress, Colorado Springs 2003, S. 364.

3 Muller, W. Max und Kaufmann Kohler: „Amorites". Auf: www.JewishEncyclopedia.com. www.jewishencyclopedia.com/articles/1422-amorites.

4 Der Epheserbrief ist in vielerlei Hinsicht das neutestamentliche Gegenstück zum Buch Josua im Alten Testament.
5 Edwards, Dwight: *Revolution Within: A Fresh Look at Supernatural Living*. WaterBrook Press, Colorado Springs 2001, S. 5.
6 Zodhiates, Spiros, Hrsg.: *Hebrew-Greek Key Word Study Bible: Key Insights into God's Word, New American Standard Bible,* überarb. Aufl. AMG Publishers, Chattanooga 2008, Nr. 4789, S. 2280.

Kapitel 3

1 Hawkins, Greg L. u. Cally Parkinson: *Move. What 1000 churches Reveal about Spiritual Growth.* Grand Rapids: Zondervan, 2011. S. 19.
2 Deutsche Bibelgesellschaft: „Stand der weltweiten Bibelübersetzungen". Auf: www.die-bibel.de/spenden/weltbibelhilfe/zahlen-und-fakten/
3 „353 Prophecies Fulfilled in Jesus Christ". Auf: www.AccordingtotheScriptures.org. www.accordingtothescriptures.org/prophecy/353prophecies.html.
4 Davis, Dale Ralph: *Joshua: No Falling Words*. Christian Focus Publications, Fearn, Schottland 2000, S. 19.

Kapitel 4

1 „Price of Success: Will the Recycled Orchestra Last?" Auf: www.CBSNews.com, 17. November 2013. www.cbsnews.com/news/price-of-success-will-the-recycled-orchestra-last/.
2 Josua 2,1; 6,17 u. 25; Hebräer 11,31; Jakobus 2,25

Kapitel 5

1 Aus einer Unterhaltung mit Jimmy Wayne, mit freundlicher Genehmigung. Die vollständige Geschichte finden Sie in: Jimmy Wayne und Ken Abraham: *Walk to Beautiful: The Power of Love and a Homeless Kid Who Found the Way*. W Publishing, Nashville 2014.
2 Meyer, F. B.: Joshua: *And the Land of Promise*. Morgan and Scott, London 1870, S. 35.

Kapitel 7

1 Aus einem Interview mit Joy Vernon vom 10. Oktober 2013, mit freundlicher Genehmigung.

2 *Fall of Jericho: Unearthing One of the Bible's Greatest Mysteries.* Gateway Films/Vision Video, DVD, Worcester, PA 2008.

3 Hester, H. I.: *The Heart of Hebrew History: A Study of the Old Testament.* Quality Press, Liberty 1962, S. 143–144.

4 Hamilton, Adams: „Compassion, Vision and Perseverance: Lessons from Moses". In: *The Unites Methodist Reporter*, 22. Januar 2013. http://unitedmethodistreporter.com/2013/01/22/adam-hamiltons-sermon-at-todays-national-prayer-service/. Siehe auch: King, Martin Luther jr.: *Stride Toward Freedom: The Montgomery Story.* Beacon Press, Boston 1958, S. xxi, 125.

5 Aus einem Gespräch mit Tammy Trent, mit freundlicher Genehmigung.

Kapitel 8

1 „Die Anbetung dieser Götter [Baalskult] brachte einige der zerstörerischsten Bräuche der damaligen Zeit mit sich. Dazu gehörten Kinderopfer, was bei den Ägyptern und Babyloniern schon lange abgeschafft worden war, Tempelprostitution und Schlangenanbetung in einem Ausmaß, wie es bei anderen Völkern nicht bekannt war." G. Ernest Wright und Floyd Vers Filson: *The Westminster Historical Atlas to the Bible.* Westminster, Philadelphia 1945, S. 36.

2 Zodhiates: *Hebrew-Greek Key Word Study Bible.* S. 1896.

3 Wigram, George Vers und Ralph D. Winter: The Word Study Concordance. Tyndale, Wheaton 1972, S. 477.

4 Der REVEAL-Studie von 2007–2014 zufolge betrifft das 89 Prozent aller Christen.

5 Mit freundlicher Genehmigung.

Kapitel 10

1 Montville, Leigh: „Wide and to the Right: The Kick That Will Forever Haunt Scott Norwood". Auf: www.SI.com, zuletzt aktualisiert am 21. September2011.

2 „Die Größe dieser Truppe wird im Text mit 30 000 Mann beziffert, was ein

ungewöhnlich großes Kontingent zu sein scheint, will man in der Nähe einer Stadt einen Hinterhalt legen. Eine plausible Erklärung wäre, dass es ‚dreißig Anführer' heißen sollte. Diesen Vorschlag macht R. E. D. Clark, der darauf hinweist, dass das hebräische ‚elep' sowohl mit ‚tausend' als auch mit ‚Anführer' oder ‚Offizier' übersetzt werden kann, wie es an anderer Stelle auch übersetzt wird (s. 1. Chronik 12,23–27, 2. Chronik 13,3.17 und 17,14–19). Wenn das hier der Fall ist, dann handelte es sich bei dieser dreißig Mann starken Truppe um eine Spezialeinheit, die extra dazu ausgewählt worden war, in die verlassene Stadt vorzudringen und sie niederzubrennen. Das würde auch erklären, weshalb dieser Trupp als die ‚tüchtigen Krieger' beschrieben wird, die man ausgewählt hatte – was bei einer Gruppe von 30 mehr Sinn ergibt als bei einer Einheit von 30 000. Es sei jedoch angemerkt, dass der zweite Hinterhalt definitiv aus 5000 Mann bestand (Josua 8,12)." Jensen, Irving L.: *Joshua: Rest-Land Won*. Moody Press, Chicago 1966, S. 22.

Kapitel 11

1 Howard, David M. jr.: *Joshua*. In: *The New American Commentary, Vol. 5*. Broadman & Holman, Nashville 2002, S. 212.
2 Meyer: Joshua: *And the Land of Promise*. S. 96.
3 Nachzulesen in 5. Mose 27.
4 Lewis, C. S.: *Yours, Jack: Spiritual Direction from C. S. Lewis*. HarperCollins, New York 2008, S. 152.
5 Kennedy, D. James u. Jerry Newcombe: *What If the Bible Had Never Been Written?* Thomas Nelson, Nashville 1998, S. 30–31.

Kapitel 12

1 Bloesch, Donald G.: *The Struggle of Prayer*. Helmers and Howard, Colorado Springs 1988, S. 79.
2 Ebd., S. 80.
3 Bounds, E. M.: *The Complete Works of E. M. Bounds on Prayer*. Baker Book House, Grand Rapids 1990, S. 311–312.
4 Pruett, Greg: *Extreme Prayer: The Impossible Prayers God Promises to Answer*. Tyndale House, Carol Stream 2014, S. 5.
5 Ebd., S. 69.

Kapitel 13

1 Miller, Art: *The Power of Uniqueness*. Zondervan, Grand Rapids 1999, S. 93.

2 In Anlehnung an Osteen, Joel: *Every Day a Friday: How to Be Happier 7 Days a Week*. FaithWords, New York 2011, S. 131–132.

Kapitel 14

1 Meyer: Joshua: *And the Land of Promise*. S. 143.

Kapitel 15

1 Mit freundlicher Genehmigung.

2 Davis, Dale Ralph: *Joshua: No Falling Words*. Christian Focus Publications, Fearn, Schottland 2000.

3 Mote, Edward: „This Solid Rock". In: *Sacred Selection for the Church: A Collection of Sacred Selections Featuring Choice Favorites Old and New*. Sacred Selections, Kendallville 1956, Nr. 120.

Kapitel 16

1 Alfano, Sean: „Teens Arrested after Posting YouTube Video of Beating 13-Year-Old Boy and Hanging Him from a Tree". In: *New York Daily News*, 1. Februar 2011. www.nydailynews.com/news/national/teens-arrested-posting-youtube-video-beating-13-year-old-boy-hanging-tree-article-1137868. Siehe auch: Rick Reilly: „Eagles over Wolves in a Rout". Auf: www.ESPN.com, zuletzt bearbeitet am 15. Februar 2011: http://sports.espn.go.com/espn/news/story?id=6120346.

2 Vine, W. E.: *Vine's Expository Dictionary of New Testament Words: A Comprehensive Dictionary of the Original Greek Words with Their Precise Meanings for English Readers*. MacDonald Publishing, McLean, S. 554.

Nachwort

1 Peterson: „Introduction to Joshua". S. 361.

Der Verlag weist ausdrücklich darauf hin, dass im Text enthaltene externe Links nur bis zum Zeitpunkt der Buchveröffentlichung eingesehen werden konnten. Auf spätere Veränderungen hat der Verlag keinerlei Einfluss. Eine Haftung des Verlags für externe Links ist stets ausgeschlossen.

MIX
Papier aus verantwortungsvollen Quellen
FSC® C014496
FSC www.fsc.org

Originally published in the U. S. A. under the title: *Glory Days*
Published by arrangement with Thomas Nelson, a division
of HarperCollins Christian Publishing, Inc.
www.thomasnelson.com

1. Auflage 2017
Bestell-Nr. 817199
ISBN 978-3-95734-199-0

Umschlaggestaltung: Hanni Plato
Satz: Greiner & Reichel GmbH, Köln
Druck und Verarbeitung: GGP Media GmbH, Pößneck
Printed in Germany

www.gerth.de